AF232487

LE DOCTEUR A. MOTET

LES ALIÉNÉS

DEVANT LA LOI

PARIS

J. B. BAILLIÈRE ET **FILS**

LIBRAIRES DE L'ACADÉMIE IMPÉRIALE DE MÉDECINE

Rue Hautefeuille, 19

| **Londres** | **Madrid** | **New-York** |
| HIPP. BAILLIÈRE | C. BAILLY-BAILLIÈRE | BAILLIÈRE BROTHERS |

LEIPZIG, E. JUNG-TREUTTEL, 10, QUERSTRASSE

1866

LES ALIÉNES

DEVANT LA LOI

PARIS. — IMP. SIMON RAÇON ET COMP., RUE D'ERFURTH, 1.

LES ALIÉNÉS

DEVANT LA LOI

I

Les médecins qui s'occupent spécialement des aliénations mentales donnent depuis quelque temps l'exemple d'un singulier désintéressement. Les attaques se multiplient autour d'eux ; elles restent sans réponses. Pas une voix, en dehors de la société Médico-Psychologique, ne s'est élevée pour réfuter des articles, des brochures, où notre législation actuelle était vivement combattue. N'y avait-il donc rien à dire? Ce silence est-il un humble aveu d'impuissance, ou bien a-t-on craint d'engager une polémique dont on ne pouvait d'avance calculer la portée? Nous ne le pensons pas, et nous n'approuvons pas cette réserve excessive. La vérité doit être quelque part. Si nous avons la prétention de la posséder, pourquoi ne pas l'affirmer énergiquement? Ne pouvons-nous laisser complétement de côté des faits sur lesquels on s'est trop hâté de s'appuyer, et qui, s'ils étaient froidement discutés seraient bien vite réduits à leur juste valeur? Il nous semble que le débat peut être porté plus haut, et que, dégagé de toute question personnelle, il gagnera en dignité; il nous semble qu'il n'est pas bon de laisser se former l'opinion publique avec des documents incomplets et inexacts. Nous n'avons point à nous défendre de porter le nom de spécialistes qu'on nous donne assez

dédaigneusement ; une spécialité, dans laquelle se sont illustrés
des hommes comme les Pinel, les Daquin, les Esquirol, les
Ferrus, pour ne parler que de nos morts vénérés, a bien droit
après tout de réclamer sa place : elle est assez forte de ses
gloires passées et présentes pour n'avoir ni passions ni rancunes ;
elle a bien le droit de rappeler à ceux qui la veulent amoindrir
tout le bien qu'elle a fait ; elle a le droit enfin sinon de se défendre, car les accusations ne sauraient l'atteindre, du moins
de proclamer les principes sur lesquels elle repose.

D'où sont venues d'ailleurs ces imprévoyantes attaques ?
D'hommes peu compétents à juger de pareilles questions. Ce
n'est pas en effet avec une expérience de quelques jours, acquise
dans un milieu nécessairement restreint, qu'on arrive à se former
une opinion exacte, et surtout qu'on arrive à l'esprit de conduite
nécessaire au milieu des difficultés de ce genre. Les chances
d'erreur augmentent quand les rudes leçons de la clinique
font défaut ; et, parler de l'aliéné sans avoir vécu près de lui, c'est
s'exposer à de regrettables méprises ; vouloir modifier aujourd'hui
sa condition dans la société, c'est se préparer de cruels embarras, c'est léguer à l'avenir une situation qui deviendra promptement intolérable ; nous avons donc à lutter aujourd'hui contre
d'imprudentes aspirations qui n'auraient point d'excuse si nous
ne soupçonnions pas derrière elles de généreuses illusions. Nous
répondrons à ces tendances téméraires avec toute la réserve de
langage que méritent des hommes qui se trompent de bonne foi,
en s'appuyant sur les principes de la liberté individuelle, que
domine, à notre sens, le principe plus élevé, selon nous, de la
sécurité de la famille, de la sécurité publique. Nous ne croyons
pas avoir à prouver que la loi de 1838 a été prévoyante et sage ;
si, comme toutes les œuvres humaines, elle n'a pas ce degré de
perfection qu'il est toujours permis de chercher à atteindre, elle
n'en a pas moins pourvu largement à la sûreté de l'aliéné ; elle a
autour de lui accumulé les précautions ; chez nous, le magistrat
à son parquet comme le médecin à son asile sont jaloux d'en
respecter l'esprit. De toutes parts de bienveillantes et tutélaires
sympathies protégent et défendent l'aliéné. Aussi, ce n'a point
été sans un profond étonnement que nous avons vu méconnaître
dans ces derniers temps tous les progrès que cette loi si consciencieusement élaborée avait permis de réaliser depuis vingt-six

ans : nous avons donc pensé que le moment était venu d'exprimer, à notre tour, notre opinion sur la question si diversement appréciée de la situation des aliénés en France, et c'est avec l'exposé sincère et vrai des faits que nous essaierons de répondre à des hommes honorables, que nous n'appellerons pas nos adversaires, car eux aussi, nous leur rendons cette justice, veulent le bien, seulement ils le veulent autrement que nous, et ils tiennent trop peu de compte d'un passé qui pourtant fut fécond en grands enseignements.

Que demande-t-on ? — Des admissions moins hâtives dans les établissements spéciaux — plus de liberté pour l'aliéné. Ici, nous n'avons plus seulement à répondre' à des économistes, à des philanthropes, nous trouvons aussi des médecins, partisans convaincus de la possibilité du traitement à domicile, qui pensent que bon nombre d'aliénés pourraient être avec avantage traités chez eux au début de la folie. — Ou je me trompe fort, ou bien une telle doctrine ne repose pas sur des bases solides. Je crois qu'ils seraient fort empêchés les médecins qui nourrissent de telles illusions, s'ils étaient mis en demeure de nous fournir une collection de faits suffisante pour entraîner notre conviction. Aux prises avec la pratique de chaque jour, ils s'apercevraient vite que rien n'est facile, je serais presque tenté déjà de dire possible, dans des situations pareilles. Je me souviens d'avoir, il n'y a pas bien longtemps, entendu l'un des apôtres les plus ardents de cette prétendue réforme, faire dans un langage fort imagé le tableau de ce qui se passe dans une famille au moment où la folie s'abat sur l'un de ses membres. Rien ne manquait à cette reproduction, si fidèle qu'elle me fournira des armes, pas même l'effroi du serviteur qui s'enfuit, de la mère éperdue qui cache ses enfants, du voisin qui craint pour sa personne ou sa propriété. Au milieu de ce désarroi, l'orateur dont je parle, faisait intervenir le médecin, et le représentait, nouveau *Deus ex machina*, ramenant d'un trait de plume le calme au milieu de ces orages. Veut-on savoir quelle était la conclusion qui découlait de ces pittoresques prémisses ? — Le médecin avait commis un abus de pouvoir. Il avait attenté à la liberté de l'un de ses semblables, il avait agi avec une coupable précipitation ! Singulière logique que celle-là qui proclame le *statu quo* au moment où tout commande impérieusement d'agir !

Singulière imprévoyance que celle de ces réformateurs qui parlent de liberté au moment où il n'y a plus de libre arbitre, où des actes d'une aveugle brutalité compromettent aussi bien la sécurité de leur triste client que celle de tous ceux qui l'entourent. Que vouliez-vous donc qu'il fît ce médecin ? qu'il restât spectateur ému, mais inutile, du drame qui se passe sous ses yeux ? qu'il attendît un meurtre, un incendie, ou toute autre douloureuse catastrophe ? qu'il laissât, en cédant à des désirs irréfléchis de la famille, l'aliéné mourir d'inanition ? — Si tous ces faits, que les journaux enregistrent chaque jour à profusion n'étaient que des fictions, je n'en viendrais pas parler ici, mais il n'y a pas un de nous qui ne sache combien ils sont fréquents encore ; il n'y a pas un de nous qui, recueillant ses souvenirs, n'ait à raconter une de ces lugubres histoires ; il n'y a pas un de nous enfin, qui n'ait été appelé pour réparer de fâcheuses temporisations, et qui n'ait regretté de voir que l'on ne prenait pas assez tôt le seul parti vraiment sage qu'il y eût à prendre, celui de soustraire le plus vite possible l'aliéné aux influences du milieu dans lequel il est habitué à vivre, pour lui donner ailleurs les soins qu'il ne recevra jamais chez lui. C'est là une de ces vérités incontestables auxquelles l'expérience donne chaque jour une éclatante sanction ; et, puisque nous sommes en possession de cette vérité, nous qui vivons dans ce triste monde de la folie, nous avons pour mission et pour devoir de l'affirmer énergiquement. Non, l'aliéné ne guérit pas chez lui, à moins qu'on ne lui constitue un service tout spécial, impossible à établir en dehors des conditions d'une grande fortune. On n'a pas le droit de déprécier la salutaire influence des asiles ; ce sont des établissements d'utilité publique qui répondent à d'impérieux besoins de la société moderne.

Je demanderai aux partisans du traitement à domicile quels seront les malades qui pourront être ainsi traités chez eux ? Le délire bruyant, expansif du maniaque, son incessant besoin de mouvement, ne permettront guère de tentatives de ce genre. Ce ne sont pas, à coup sûr, les cas de manie franche qu'on prendra pour sujets d'expérimentation. Les mieux intentionnés seraient vite découragés. Sera-ce un mélancolique ? Mais si l'on ne connaissait pas les difficultés, les embarras que présentent

de pareils malades, on pourrait les apprendre dans le livre de
M. Morel[1]. Qu'on lise ce qu'il a écrit sur ce sujet, et si lui, médecin expérimenté, a rencontré dans ses voyages tant de difficultés imprévues ; si, à plusieurs reprises, il s'est vu forcé de
modifier son plan de conduite, n'a-t-on pas le droit de se demander ce que pourra faire d'utile une famille qui n'entend rien
au traitement, et qui ne peut avoir qu'une fois par jour, pendant
de courts instants, les conseils du médecin ? Dans la famille,
l'aliéné n'obéira pas. Renfermé dans un mutisme absolu, il restera pour tous inaccessible ; il travestira, il interprétera mal
les témoignages les plus affectueux ; la famille, avec ses protes-
tations, ses prières, fatigue et irrite les malades, qui ne les
comprennent plus. Notre attitude, nos soins spéciaux, l'isolement, leur font plus de bien que de longs discours ; ils guéris-
sent près de nous, ils seraient devenus incurables chez eux ;
nous l'avons tous constaté bien des fois, et si cela pouvait faire
doute pour personne, je ferais appel aux médecins qui nous
adressent leurs aliénés. Tous déclarent qu'ils ne peuvent pas les
soigner chez eux, qu'ils ne savent plus qu'en faire, que tout leur
manque, qu'ils n'ont ni serviteurs à leur donner, ni influence morale à exercer sur eux. Que peut faire le médecin qui, depuis longtemps, connaît la famille, a été initié à tous ses secrets ? Il est
devenu presque un ami, et quand il voudrait prendre une attitude sévère, imposer sa volonté, le malade, tout délirant qu'il
est, conserve la demi-conscience des rapports antérieurs, de la
familiarité que de longs échanges ont établis. Il n'écoute plus.
Là manque un élément indispensable, l'autorité ; là manque aussi
ce qui fait notre meilleur appui, l'exécution immédiate des or-
dres donnés, l'exemple d'une discipline établie partout, et dont
l'influence se fait sentir dans les moindres détails. L'aliéné se
sent et se sait maître chez lui ; il ordonne impérieusement, il
veut être obéi, il exerce une tyrannie devant laquelle tout plie
avec effroi. Changez autour de lui les visages, faites-lui sentir
qu'il est malade, et qu'il n'a pas le droit de commander, placez
auprès de lui un serviteur qui sache son métier, et s'abrite derrière la volonté du médecin, et vous aurez fait un pas immense ;
peu importe la révolte ; plus elle sera énergique, plus vous

---

[1] Morel, *Traité des maladies mentales.*

aurez le droit de compter sur le réveil des facultés troublées.

Voulez-vous qu'on soigne chez lui l'aliéné paralytique? J'avoue ne pas bien comprendre ces philanthropiques aspirations qui sacrifieraient volontiers le repos, la fortune de toute une famille, pourquoi? Pour retarder de quelques jours ce qui deviendra une nécessité absolue. Mais à quel moment l'isolement est-il donc mieux indiqué qu'au début des paralysies générales? — Quand l'activité cérébrale pousse les malades dans la voie des projets aventureux, quand, se livrant au premier venu, ils peuvent si facilement se laisser surprendre; quand une signature donnée au hasard peut suffire à ruiner une importante industrie, vous hésiteriez? Ce serait, qu'il me soit permis de le dire, une regrettable erreur. Quel que soit le bon vouloir, on se heurte à des impossibilités matérielles que j'ai eu déjà l'occasion de signaler[1]. A peine, pour le riche, parvient-on avec beaucoup d'argent à réunir quelques-unes des conditions indispensables pour la sécurité du malade et de ceux qui l'approchent. Si la surveillance est la première nécessité à laquelle il faille pourvoir, comment fera-t-on pour le malade moins aisé dont la famille doit demander au travail de chaque jour de quoi subvenir aux besoins de sa vie? Je le répète, cela me semble impraticable, et je suis absolument convaincu, pour deux raisons : la première, c'est que je vois chaque jour des familles qui ont tenté la réalisation de semblables projets, et qui n'ont point réussi; la seconde, c'est que j'ai vécu quatre ans de ma vie près de deux malades qui m'avaient été confiés, l'un par M. Ferrus, l'autre par l'honorable M. Cerise, et que je sais toutes les difficultés que j'ai rencontrées lorsqu'il m'a fallu tout adapter dans des habitations particulières, aux nécessités de la situation. C'est quand on a passé par de pareilles épreuves qu'on est suffisamment éclairé sur elles, qu'on sait vraiment tout ce qu'elles offrent d'imprévu, tout ce qui, enfin, les rend impossibles à accepter par l'immense majorité des familles.

Je veux aller au devant d'une objection. Il y a des malades, dira-t-on, qu'on s'est trop hâté de placer dans l'asile. Il y a des délires qui disparaissent après quelques jours, quelques semaines, et qu'on eût pu traiter dans la famille.

[1] *Congrès médical de Lyon.* Paris, 1865.

Lesquels? — Pour moi, je n'en vois que bien'peu qui disparaissent si vite; et il est permis au moins de supposer qu'ils se seraient moins rapidement évanouis dans la maison privée. Ce sont, d'une part, les délires provoqués par les excès alcooliques, les accès de folie hystérique, épileptique, et d'une autre part les délires vésaniques qui éclatent parfois au début des fièvres, et en masquent les premières évolutions.

Pour les premiers, qui sont presque constamment des délires avec impulsions aggressives, qui rendent les malades dangereux au suprême degré, pourquoi ces ménagements? Nous dira-t-on qu'il faut songer à sauvegarder la réputation d'un ivrogne? Il faut, avant tout, le guérir, et le prémunir, s'il est possible, contre la rechute, dont ses funestes habitudes le menacent. Que si l'asile peut rester devant ses yeux comme l'expiation de sa faute, que si son influence salutaire peut s'étendre jusque sur l'avenir, n'y a-t-il pas là de quoi justifier pleinement la mesure prise dans un moment où tous les courages étaient lassés, où dévouement, abnégation, sacrifices de tout genre étaient méconnus, où nul résultat satisfaisant ne pouvait être prochainement entrevu? Faut-il insister encore pour démontrer qu'il en est de même dans toutes les folies consécutives à des intoxications, quel que soit l'agent qui les ait produites? D'ailleurs, ces cas sont relativement rares, et s'appuyer sur eux pour jeter les bases d'une organisation nouvelle, ce serait une erreur dont les tristes conséquences ne se feraient pas attendre.

Le délire hystérique, le délire épileptique qui, sous forme d'accès, présentent parfois les plus terribles impulsions, ne me semblent pas non plus devoir, avec avantage, être traités au milieu de la famille. Pour le premier, dans sa forme la plus bénigne, il compromet non-seulement le repos de quelques-uns, mais celui de tous, et si l'on avait pu, à Morzines, séquestrer immédiatement les premières convulsionnaires, les premières possédées, on n'aurait pas eu besoin de recourir à la gendarmerie et à un piquet d'infanterie pour ramener la tranquillité au milieu de toute une population.

Quant aux épileptiques, je comprends très-bien et je désire qu'on prenne pour eux des dispositions particulières, mais je ne crois pas que la nécessité de leur séquestration puisse faire doute pour personne, dans tous les cas où l'accès épileptique se mani-

feste par un simple vertige suivi d'une explosion de délire maniaque avec fureur, ou par l'accès convulsif complet, avec le délire
aveugle qui lui succède si souvent.

Restent donc les délires prodromiques d'une affection aiguë. Eh
bien! nous avons vu les praticiens les plus habiles y être surpris.
Qu'on me permette d'en citer un exemple tout récent. Un jeune
homme de trente ans, d'une nature impressionnable à l'excès,
se préoccupant constamment de sa santé, est pris tout à coup d'un
véritable délire de persécutions, compliqué de préoccupations hy-
pochondriaques. Il perçoit dans son appartement des odeurs mé-
phitiques, il y manque d'air; il s'enfuit, va trouver son médecin,
l'un de nos plus honorables, de nos plus savants maîtres; il n'avait
pas de fièvre, un peu d'embarras gastrique seulement. On lui
prescrit un purgatif. Il rentre chez lui, se barricade dans sa
chambre, méconnaît la voix de sa femme, de son beau-père, de
ses amis. Deux jours se passent ainsi, en capitulations de toutes
sortes, à l'aide desquelles on parvient à lui faire prendre un peu
de nourriture. Puis dans la nuit du troisième jour, il s'arme
d'une canne à épée, brise la serrure de son appartement. Personne
n'ose l'approcher. Il descend à trois heures du matin, menace le
concierge qui, effrayé à la vue de l'arme, ouvre la porte. Le
malade erre dans la rue, voit un poste, s'y réfugie en demandant
aide et protection. On prévient sa famille, et, à six heures du
matin, on nous l'amène accompagné de deux sergents de ville,
que le chef du poste avait complaisamment mis à sa disposition.
Pendant vingt-quatre heures, délire de persécutions, craintes
d'empoisonnement, récriminations de toute nature. Puis la langue
se sèche, la fièvre vient le lendemain de l'entrée, le délire se
transforme. La maladie se caractérise nettement, et les taches
rosées lenticulaires, le gargouillement de la fosse iliaque droite,
l'ensemble des symptômes d'une fièvre typhoïde, ne laissèrent
plus de doute sur la nature de l'affection. Est-ce là une de ces
compromettantes erreurs qui emportent de si graves conséquences? Je ne le crois pas; et je doute si peu du dévouement
et de l'honorabilité des chefs de service dans les établissements
d'aliénés, que j'affirme, sans crainte d'être démenti, qu'il n'y a
pas un seul asile en France, si pauvre qu'il soit, où l'on ne
saurait bien vite trouver une chambre pour y installer un tel
malade, si l'on ne pouvait le transporter ailleurs, et qu'il serait

soigné, entouré, choyé, comme il ne l'eût jamais été chez lui.

Pour les périodes aiguës du délire, rien ne vaut le traitement spécial, l'isolement dans l'asile. MM. Parchappe, Lunier, et bien d'autres encore, l'ont proclamé avec toute l'autorité de leur longue expérience, on fait des incurables avec tous les ménagements, toutes les lenteurs que vous voulez ériger en principe. — Les sorties prématurées, le maintien dans la famille d'un aliéné, présentant une forme chronique de délire, ne sont pas moins fâcheux. Nous comprenons bien que les visiteurs d'un moment, qui ne font que passer au milieu de nos tristes demeures, emportent une impression douloureuse; mais devraient-ils s'y tromper? Ce que tous les aliénés réclament, ce n'est pas la liberté; c'est le droit de se livrer au dehors à tous les penchants que la société nous charge de diriger. Tel malade, devenu plus calme, ayant un pied déjà vers la démence, mais conservant encore assez d'activité intellectuelle pour former d'aventureux projets, demande avec instance sa sortie. Il se jette en pleurant à nos genoux, il nous supplie, et ses prières sont tellement d'accord avec ce que le sentiment de la liberté suscite en nous, que nous nous défendons mal contre de pareilles émotions. Mais que faire? Rendre le malade à sa famille? le faire redevenir demain un citoyen semblable en tous points devant la société, la loi, la morale, à cet autre citoyen qui, laborieuse abeille, apporte son contingent de travail à la grande ruche humaine? Le pouvons-nous? Nous savons que ce malade a écrit, il y a une heure, dans un de ces moments où, se laissant aller au gré de sa pensée, il a formulé en phrases inachevées ses incohérentes aspirations, qu'il se propose d'acheter pour des sommes fabuleuses toute une portion de terrain dans l'un des quartiers les plus brillants de Paris. Il y fera bâtir de splendides hôtels, il formera une cité qui portera son nom, il recevra dans ses salons, etc. Tout cela est bien innocent, nous dit-on, si l'homme qui émet de pareils projets doit être considéré comme fou, combien d'autres depuis longtemps devraient être renfermés? Cet argument, auquel nous sommes accoutumés, ne nous embarrasse pas. La folie n'est pas dans tel projet plus que dans tel autre; elle est dans la situation d'esprit de l'individu, qui ne voit pas d'obstacles à la réalisation des plans qu'il a conçus; qui, n'établissant aucun rapprochement entre les ressources dont il dispose et le but qu'il veut atteindre, marche avec une confiance naïve dans la voie sans issue que lui ouvre son délire. C'est un honnête artisan qui a quelques épargnes péniblement conservées, et qui, tout d'un coup, apporte à sa femme des robes de bal, des diamants; qui prête sans caution d'aucune sorte, et qui, dans huit jours, dissipe les économies de dix ans. — La femme, la mère, le voit avec effroi emporter chaque jour le pain de l'avenir. Le luxe dont il veut l'environner, les bijoux qu'il lui apporte sont autant de cruelles blessures faites à sa maternelle prévoyance ; mais c'est lui qui a tout gagné, long-temps elle n'ose rien dire ; elle s'inquiète, elle observe, et voyant qu'il n'est plus le même, qu'il ne travaille plus, qu'il ne dort pas, elle en parle d'abord à un ami commun qui l'encourage, qui lui donne le conseil de cacher ce qui lui reste. Qu'arrive-t-il alors? Le malheureux, que la folie tient sous sa griffe aiguë, de-vient exigeant. On lui résiste; il s'emporte, et le délire éclate avec ses impulsions terribles. Le doute n'est plus permis alors ; c'est à nous qu'on s'adresse, et la loi est sage, qui permet d'éloigner cet homme, ce malade, de l'enlever à la famille, vis-à-vis de laquelle il n'est plus responsable, et dont il compromet la sécurité.

Ce que j'écris, nous l'avons sous les yeux tous les jours. J'ai des lettres, je n'avance rien que je ne puisse prouver, je pourrais citer les noms de joailliers qui, informations prises, ont spon-tanément rendu aux familles des sommes follement apportées chez eux. Est-il donc possible de laisser de tels faits se reproduire souvent? Ils ne sont que trop communs déjà, et ceux qui nous attaquent seraient les premiers à accueillir les plaintes du com-merce dont la sécurité serait compromise par une cause de plus. Cette forme de délire que j'ai choisie à dessein, tant elle est facile à constater, tant elle est fréquente aujourd'hui, n'est pas celle peut-être qui cause à la famille le plus de chagrins. Il y a toute une classe de malades qui réserve pour son entourage d'inimaginables persécutions. Un savant médecin qui, depuis bien des années, vit au milieu des fous, M. le docteur Trélat, a résumé sa longue expérience dans un livre [1] qu'il faut lire pour prendre une idée de ces délires partiels, véritables tortures infligées par un être que la maladie a transformé, à tous ceux qui jadis lui étaient le plus chers.

---

[1] Trélat, *la Folie lucide.*

Avez-vous jamais pensé, vous qui tranchez si facilement et si vite ces redoutables problèmes, à la situation dans laquelle se trouve un père de famille dont l'épouse est atteinte de l'un de ces délires partiels où les tendances perverses dominent? — Il doit, en homme honnête, livrer à la société des êtres valides dont on puisse dire : *Mens sana in corpore sano*, et vous lui refuseriez le seul moyen qui lui reste de lutter avec quelque avantage contre la prédisposition héréditaire, contre l'influence si profondément perturbatrice de l'exemple? Vous voulez le condamner à laisser sa jeune fille en contact avec un esprit troublé qui ne lui présentera que de déplorables aberrations? — Que diriez-vous si cette mère, atteinte d'un délire mélancolique avec prédominance d'idées mystiques, entraîne sa fille vers les mêmes exagérations, et si, à cette jeune imagination qui a tant besoin d'être sagement dirigée, elle rappelle sans cesse l'idée du péché, de la damnation, si elle la fatigue sans trêve par des scrupules insensés? Si, de la religion qui, bien comprise, est pour tous un consolant appui, elle fait un épouvantail sombre? Si, combattue par le père, qui voit avec tristesse son influence amoindrie, la mère éloigne de lui sa fille, en le lui représentant comme un obstacle à sa félicité éternelle? Avez-vous le courage de blâmer cet homme frappé dans ses affections les plus chères, de les vouloir ressaisir au moment où il sent qu'elles vont lui échapper? Autant vaudrait reprocher au chirurgien sa détermination énergique, quand il arrête d'un trait de scie les progrès d'un mal qui menace d'atteindre l'être tout entier. C'est respecter la famille que de ne point permettre qu'elle soit sapée dans sa base; c'est faire une œuvre d'une haute moralité que de séparer un être nuisible de ceux pour lesquels son contact est dangereux. J'ai pris cette forme de délire, parce que j'ai devant les yeux, dans l'esprit, toute une série de faits qui s'y rapportent; si j'avais choisi la dypsomanie, le délire érotique, j'aurais eu des arguments plus frappants encore, et contre lesquels toutes les objections s'émoussent.

Qu'on ne nous accuse donc pas de démembrer la famille, d'apporter, par notre concours, des facilités déplorables, dit-on, pour l'éloignement d'un malade qu'on eût pu, qu'on eût dû garder. Est-ce bien à nous qu'on peut adresser le reproche d'exercer sur l'esprit de famille de dissolvantes influences? Sommes-nous donc des êtres à part dans la société, et croit-on que, pour être chaque jour en contact avec les misères humaines, nous soyions arrivés à l'anéantissement en nous de toute émotion, de tout sentiment? Quoi! gardiens de tous les secrets, mêlés intimement, et à tous les moments à la vie de famille, nous serions assez malheureux pour ne l'avoir jamais comprise? pour en troubler l'harmonie, sans qu'une impérieuse nécessité nous y oblige? N'avons-nous donc pas de familles nous-mêmes? sommes-nous épargnés plus que d'autres? La folie, comme l'ange exterminateur de la légende, s'arrête-t-elle donc devant un signe mystérieux tracé sur les portes de nos demeures? Vous savez bien que non! vous savez bien que toutes vos douleurs nous sont connues, et que nous souffrons comme vous. Et si l'on voulait compter, vous verriez combien notre part est lourde dans le tribut commun; si l'on voulait tout dire, vous sauriez quelles victimes, jeunes encore, intelligentes, pleines d'avenir, ont été offertes au monstre sans l'avoir jamais apaisé!

Mais, après tout, à quoi bon nous défendre? sommes-nous bien en cause, et n'est-ce pas plutôt l'insuffisance de la loi qu'on proclame sans l'avoir pourtant démontrée? — On s'effraye du pouvoir discrétionnaire, pour ainsi dire, qu'elle nous laisse, et depuis vingt-six ans nous en avons si sagement usé, nous y avons apporté une telle prudence, une telle réserve, que pas une revendication sérieuse n'a été exercée. Notre honorabilité n'a pas subi une seule atteinte, on y rend hommage; mais, bien qu'elle soit restée pure, on s'inquiète pour l'avenir, on craint les défaillances, on craint qu'un jour une main criminelle ne signe l'un de ces certificats qui prononcent la déchéance d'un homme et lui ravissent la liberté. — Si jamais un médecin se rendait coupable d'un tel acte, je ne sais pas dans quelle retraite assez obscure il pourrait aller cacher sa honte; je ne sais pas quelle flétrissure assez infâmante pourrait être jetée à sa mémoire. Comme il interprétait mieux nos sentiments à tous, comme il se faisait bien mieux l'écho de nos convictions profondes, le savant médecin qui, dans son cours d'ouverture à la Faculté de médecine de Paris, prononçait, devant un nombreux auditoire, ces nobles paroles [1] : « Ce n'est jamais sans émotion que j'examine un individu pré-

---

[1] M. le docteur Lasègue.

sumé atteint d'aliénation mentale; je sais que je tiens au bout de ma plume la liberté d'un homme. »

Mais, nous dit-on de toutes parts, vos asiles regorgent de malades, le nombre des admissions augmente; et l'on en conclut que nous sommes trop faciles, que nous recevons des aliénés qui eussent pu sans inconvénient rester chez eux; sait-on, d'abord, combien il y a d'aliénés en France? Sait-on, sur ce nombre, combien sont enfermés, combien restent en liberté? Nous allons vous le dire : la dernière statistique officielle relevait un chiffre total de 53,000 aliénés, sur lesquels 55,000 vivaient dans les asiles. Quoiqu'on en ait dit, la folie n'est pas sensiblement plus fréquente pour une population donnée qu'elle ne l'était il y a vingt ans, mais les asiles se sont multipliés, ils ont pu recevoir plus de malades, le nombre des aliénés libres a diminué; vous ne songez pas à vous effrayer du nombre croissant de malades admis dans les hôpitaux de l'assistance publique de la ville de Paris, vous proclamez, au contraire, les bienfaits de la charité administrativement dispensée, et, par une singulière inconséquence, vous voulez que l'aliéné soit moins bien soigné, moins bien secouru qu'un autre malade? Ce qui vous effraie, me rassure : si le nombre des aliénés libres diminue, vous n'êtes pas en droit de vous plaindre, si vous voyez diminuer en même temps ces sanglantes aventures dont vos journaux nous redisent trop souvent encore les lugubres détails. Ne devrait-on pas reconnaître plutôt une vérité consolante, c'est que la maison de fous n'est plus aujourd'hui ce qu'elle était autrefois, un horrible séjour; c'est que, depuis que les aliénés n'y sont plus donnés en spectacle comme les bêtes fauves des ménageries, la famille n'a plus autant de souci qu'autrefois de se séparer du pauvre être devenu pour elle une si lourde charge! Pour moi qui vis depuis longtemps dans ce milieu si triste, je me sens encouragé dans un labeur parfois ingrat, en voyant qu'on vient à nous avec quelque confiance; je me sens fier quand j'ai pu faire voir que nous avons rarement besoin des moyens de contrainte, et j'éprouve une satisfaction profonde quand j'ai pu rassurer une famille désolée, et lui donner du moins la certitude que celui dont elle se sépare à regret, sera traité comme un malade, et non pas comme un paria.

A. MOTET.

Qu'on cesse donc de fourvoyer l'opinion publique avec ces cliquetis de chaînes, ces grincements aigus de verrous qui n'existent plus. Non, les asiles ne sont pas de lugubres *in pace*, nos gardiens ne sont pas des sbires, et nous ne sommes pas, nous les médecins de ces asiles, réduits au rôle odieux de gouverneurs de nouvelles Bastilles départementales. Non, le certificat médical constatant la nécessité du placement, n'est pas ce que vous semblez croire, quelque chose d'analogue à la lettre de cachet; c'est une garantie sérieuse toujours, donnée par la science, à la famille, à la société; c'est l'affirmation loyale de l'opportunité d'une mesure souvent encore trop longtemps ajournée.

Ces exagérations nous touchent peu. Nous les aurions laissées volontiers tomber d'elles-mêmes, n'eût été l'émotion qu'elles ont produit dans le monde. Cette émotion, nous l'avons constatée avec un sentiment de satisfaction légitime. Il est bon que de temps à autre l'on se souvienne de ces misères que la société cache, et que chacun oublierait trop facilement et trop vite : mais il est bon aussi, quand nous comptons nos blessés et nos morts, d'être justes envers ceux qui leur ont tendu la main; on n'a pas le droit de flétrir d'un odieux soupçon ni les pensées, ni les actes d'hommes honorables, dont la vie est un long dévouement, et contre lesquels on ne songerait pas à diriger d'aussi vives attaques, s'ils avaient eu moins de modestie, moins de patiente abnégation.

En résumé, l'asile avec les modifications, les perfectionnements qu'on y apporte de nos jours, reste encore ce qu'il y a de meilleur pour l'aliéné. C'est là seulement qu'il trouvera, bien entendus, les soins que son état réclame, et la direction médicale, qui, à tous les instants, à toutes les phases de sa maladie, doit nécessairement être substituée à l'incapacité, à l'inexpérience de la famille. Et cependant que n'a-t-on pas dit sur leur organisation même, sur l'influence qu'ils auraient non-seulement sur l'état moral, mais encore sur l'état physique des aliénés? A n'entendre que certains auteurs, en tête desquels il faut placer MM. les docteurs Mundy et Turck, les asiles seraient de hideux repaires dans lesquels l'aliéné meurt de désespoir! Je ne crois pas que jamais personne ait publié des statistiques plus fantaisistes que celles de M. Turck. Où ont-elles été prises? Qu'on le demande à MM. les inspecteurs généraux des établissements d'aliénés; M. Parchappe s'étant donné la peine de faire justice de toutes ces exagérations, nous renvoyons à son remarquable mémoire[1]; c'est la réponse la plus nette et la plus digne qui puisse être faite à d'aussi incroyables accusations.

II

Jusqu'ici nous n'avons envisagé la question qu'à son point de vue le plus large, le plus général ; il nous reste à l'étudier sous un autre aspect, et il faut bien l'avouer, l'embarras commence pour nous. Si des objections sérieuses avaient été formulées, si la pensée des adversaires de la loi de 1838 avait été moins indécise, s'ils avaient enfin nettement défini les réformes qu'ils attendaient, nous aurions pu les suivre, et pour répondre nous n'aurions eu qu'à faire appel à l'expérience de chaque jour. Mais nous sommes en présence d'accusations vagues, nous ne voyons autour de nous que des esprits prévenus par des faits ou inexactement rapportés, ou faussement interprétés. Nous aurons donc à rétablir la vérité dans les faits, et nous espérons la présenter assez claire pour qu'elle frappe tous les yeux. Ce travail de réhabilitation nous coûtera d'autant moins qu'il s'adresse à des hommes dont nous déclinons la compétence, mais dont nous ne sommes pas assez injustes pour nier la valeur. D'un autre côté, il ne nous déplaît pas de sortir des sentiers battus, de prouver une bonne fois que nous ne prétendons pas nous envelopper dans un épais manteau dont personne n'aura le droit d'écarter les plis. Nous croyons que tout homme intelligent et instruit, est apte à reconnaître la folie quand elle se révèle avec ses caractères habituels, mais nous croyons aussi, et il ne nous semble pas que la prétention soit bien exagérée, qu'il faut avoir longtemps vécu au milieu des aliénés pour connaître la marche de la folie, pour savoir que tel acte a des relations étroites avec un état à peine soupçonné par quelques-uns, nié par beaucoup d'autres, et dans lequel la maladie doit compter pour beaucoup. Un magistrat

---

1 M. le docteur Parchappe, in *Annales médico-psychologiques*, novembre 1865 et janvier 1866.

illustre a bien sévèrement jugé nos investigations dans la constatation de certains cas d'aliénation mentale ; nos affirmations basées sur l'existence de signes légers en apparence lui rappelaient, écrivait-il, « la sputation fréquente de M. de Pourceaugnac. » Si pourtant, ces tremblements fibrillaires des muscles des lèvres et de la langue, si ces pupilles inégalement dilatées, si cette démarche saccadée, cette activité intellectuelle qui vous surprend, étaient les symptômes précurseurs de la plus redoutable maladie qui se puisse voir, d'une affection qui tue en deux ans, faisant passer le malade par toutes les phases de la dégradation physique et intellectuelle, seriez-vous bien en droit de trouver mauvais que le médecin qui reconnaît tout cela vous dise : « Cet homme sera pris demain, aujourd'hui peut-être, d'un accès de délire orgueilleux ; il va entasser projets sur projets, il n'aura plus de mesure, les plus gigantesques et les plus irréalisables conceptions vont se succéder dans son esprit ; il peut compromettre en vingt-quatre heures une fortune laborieusement acquise. — Surveillez-le ; les accidents sont prochains. » — Qui donc aura le courage de nous blâmer d'avoir tenu un pareil langage, d'avoir ajouté même que le placement dans un établissement spécial serait nécessaire bientôt ? — Ceux-là qui ne connaissent pas la paralysie générale et son insidieux début. Cependant nous voyons de ces-faits là tous les jours. En voici un exemple : Un banquier est pris de troubles intellectuels, caractérisés d'abord par un changement brusque et profond dans le caractère et dans les habitudes ; doux et facile, modeste dans sa vie intime, il devient tracassier, querelleur, impérieux, il rêve de donner une extension énorme à ses affaires, il veut s'entourer de luxe. On s'étonne, on s'inquiète autour de lui, on l'amène à Paris pour que son état soit constaté. L'indécision n'était pas permise, pourtant la famille reculait devant une douloureuse séparation. On hésitait, quand le jour même de la consultation qui avait éclairé la famille sur les dangers de la situation, il fallut empêcher le malade d'aller au Comptoir d'escompte avec lequel il voulait entamer une opération, prodigieuse selon lui. Un mot de cet homme compromettait immédiatement son crédit, il ruinait ses associés ; il fallait prendre un parti et couper court à d'aventureuses démarches. Moins d'un mois après, le délire s'était étendu, la démence était confirmée, mais la situation de la femme, des enfants, des associés était sauvegardée, la vie matérielle de l'incapable était assurée. Qui donc avait eu raison ? Les médecins qui eussent été coupables de ne pas prévoir l'avenir, et de méconnaître des signes qui ne trompent jamais un œil exercé.

L'on nous objectera, sans doute, que nous n'avons pas souvent le même degré de certitude, que nous raisonnons d'après des probabilités, et que le pronostic porté par nous dès le début, et pour ainsi dire, à première vue, pourrait bien être erroné ; et l'on cite alors quelques histoires, toujours les mêmes d'ailleurs, ou une méprise a pu être commise, aussi bien par des médecins inexpérimentés, que par des agents trop zélés. Est-ce la faute de la loi ? Personne n'oserait le dire, la réfutation serait trop facile. Il n'en est pas moins vrai qu'au dehors, un médecin ne se décide pas à donner un certificat sans avoir à plusieurs reprises examiné le malade si le cas est douteux ; dans l'asile, indépendamment des détails fournis par la famille, de l'expérience personnelle du chef de service, il y a l'observation continue des surveillants, des gardiens, et ces agents qui n'ont pas de parti pris, qui racontent simplement ce qu'ils ont vu, nous fournissent de précieux renseignements. Il y a un fait, qui n'a pas échappé à tous les médecins qui se sont occupés des fous, c'est que l'aliéné, dans les formes de délires partiels surtout, et ce sont celles-là seules qui peuvent causer quelque embarras, est en garde contre le médecin, il ne délirera pas devant lui pendant un temps plus ou moins long, mais devant les serviteurs qui le gênent beaucoup moins, il se laisse aller, il se dévoile, et c'est souvent par ces observateurs non suspectés que nous pouvons être mis sur la voie. Le point de départ une fois donné, nous arrivons au diagnostic par une suite de déductions logiques, et nos procédés dans ces cas sont aussi sûrs que ceux du mathématicien qui développe un théorême. On est généralement peu disposé à admettre que nous puissions arriver à la certitude, et ce qui semble nous donner tort, c'est que nos affirmations ne sauraient être toujours immédiatement vérifiées. On oublie trop que la folie est une maladie à marche essentiellement lente, à périodes de rémission plus ou moins complètes ; il semble inouï que nous puissions dire que tel malade, aujourd'hui parfaitement sensé, n'en est pas moins un être incomplet, vis-à-

vis duquel il ne faut pas se relacher d'une attentive surveillance. Et cependant, si nous disons cela, c'est que nous avons
constaté chez lui l'influence héréditaire, une série de préoccupations délirantes, tenaces de leur nature, à l'état latent aujourd'hui,
mais pouvant se représenter demain ; c'est que l'expérience
nous a appris que tels mots, tels signes, tels gestes, appartien-
nient aux folies chroniques; que tels autres sont le cortége des
délires aigus; et l'on nous condamne, au lieu de nous savoir
gré de cette sorte de prescience qui nous permet de rendre
à la famille, au malade lui-même d'importants services. Rien
n'est difficile, sans doute, comme de préciser l'état mental
d'un individu, sans connaître tous ses antécédents, et il n'y a
pas un médecin prudent et instruit qui se hasarde à signer un
certificat sans avoir pu constater lui-même l'étendue des troubles qui vont le contraindre à conseiller le placement dans une
maison spéciale. Le plus souvent nous avons vu qu'on attendait
jusqu'au dernier moment, qu'on ne venait à nous qu'à l'heure
où de profondes convictions s'étaient établies ; les cas dans
lesquels on a pu supposer qu'il y avait eu trop de précipitation,
une erreur même de diagnostic, ce sont ceux dans lesquels le
délire disparaît comme par enchantement, et sous l'influence
même de la mesure prise. On a comparé la folie à un rêve ; il
semble que rien ne soit plus vrai pour certains malades ; à peine
arrivés près de nous, ils se réveillent, ils se transforment : le
délire s'évanouit, la raison reparaît ; et nous avons vu plus d'une
fois des guérisons complètes se produire ainsi. Sera-t-on autorisé
à dire que la séquestration était inutile? Ce serait vouloir nier
l'influence de ce que nous considérons comme l'un de nos
plus puissants moyens d'action, le brusque changement d'habitudes, de milieu; le malade n'eût pas guéri chez lui, nous ne
saurions trop le répéter ; le délire qui n'a été que passager se
serait étendu, les préoccupations, encore indécises et vagues se
seraient plus nettement fixées, et par là même seraient devenues
plus difficiles à combattre ; au lieu de quelques jours, il eût fallu
de longs mois de traitement, et peut-être encore ne serait-
on pas arrivé à un résultat heureux.

La folie est quelque chose de si mobile, il y a dans certaines
formes une telle soudaineté, qu'il est impossible de la décrire tou-

jours d'une manière exacte. Dans les délires d'impulsion, par
exemple, qu'y a-t-il entre la pensée et l'acte accompli ? Rien
d'appréciable, la plupart du temps ; une sollicitation aveugle,
brutale, un mouvement automatique, quelque chose de profondément inconscient entraînent l'individu ; il obéit, il frappe, il tue,
et souvent l'accomplissement de l'acte a suffi pour que toute
trace de délire disparaisse ; l'aliéné d'un instant fait place à
l'homme intelligent et libre, qui déplore ses fureurs, en cherche
en vain la cause, et vient souvent de lui-même nous demander
des conseils, nous prier de l'aider à lutter contre de tyranniques
obsessions. On ne croit pas volontiers qu'un homme puisse être
tout à coup privé de sa liberté morale, qu'il puisse y avoir chez
lui des intervalles d'égarement complet, et à côté d'eux un retour
non moins complet à l'exercice régulier, normal, des facultés in-
tellectuelles ; et cependant c'est de l'observation, ce sont des faits
que nous vérifions bien souvent ; mais si nous rencontrons de ces
malades qui se confient à nous, nous en rencontrons d'autres
aussi pour lesquels nous sommes presque des ennemis ; ils
ne veulent pas avouer la série de désordres par lesquels ils ont
passé, ils contestent tout, et se servant avec une merveilleuse ha-
bileté de petits faits qu'ils savent grossir, ils en imposent à tout
le monde ; le rôle de victimes qu'ils savent prendre leur conquiert
de nombreuses sympathies ; on les voit aujourd'hui si brillants,
si beaux diseurs, on les entend exposer leurs griefs avec un tel
luxe d'arguments et de prétendues preuves, qu'on les plaint sin-
cèrement et qu'on maudit leurs oppresseurs. Mais si l'on savait
tout ce qu'ils ne disent pas ; que, par exemple, il y a trois mois,
cet orateur, ce fougueux adversaire, dont le passage dans l'asile
a laissé des traces mensuelles sur les registres d'admission, sortait
à peine d'une période de mélancolie avec stupeur, second stade
de la folie à double forme dont il est atteint ; que pendant longtemps il est resté immobile, muet, refusant les aliments, qu'il a
fallu le nourrir à la sonde œsophagienne, qu'il est arrivé à un état
de détérioration physique telle qu'on a pu craindre pour sa vie ;
si l'on disait encore qu'il y a un an, il a été amené dans le même
asile, dans un état d'excitation maniaque des plus nettement caractérisés, qu'il était impossible à maintenir, qu'il brisait tout,
qu'il parlait sans cesse, et que toutes ses idées délirantes étaient
la manifestation de l'exagération du sentiment de supériorité ;

qu'il est resté trois mois ainsi, et qu'après une période de quelques mois plus calmes, il est revenu à l'état de mélancolie ; si nous
disions tout cela, nous ne serions que vrais ; mais on nous accu-
serait peut-être d'indiscrétion ou d'injuste prévention, nous nous
taisons, nous laissons dire, nous savons trop bien, hélas ! que le
cercle fatal sera de nouveau parcouru, et que nous aurons encore à donner des soins au même malade, pour les mêmes accidents. Et nous pensons qu'un médecin qui, connaissant bien un
tel malade, donnerait le conseil de le placer de nouveau dans
l'asile, au moment où va cesser la période de rémission intercalée
entre la dépression mélancolique et l'excitation maniaque, ne
ferait que son devoir, qu'il préviendrait par là de nombreux
écarts, et que, ni la société, ni la famille n'auraient le droit de
l'accuser de s'être trop hâté !

L'administration elle-même n'a point été à l'abri de ces attaques. — On ne pouvait l'accuser de partialité, de calculs intéressés, on la trouva parfois imprudente, souvent trop active. On ne
lui reprocha pas ouvertement d'abuser des placements d'office,
mais on écrivit, dans plus d'un recueil périodique, que le législateur, qui, cependant y avait regardé à plus d'une fois, lui avait
mis entre les mains un pouvoir despotique. On s'appuya sur deux
ou trois faits qui ne manquèrent pas de produire une profonde
impression. L'émotion s'accrut encore quand fut répandue à profusion dans Paris certaine brochure clandestinement introduite,
et que nous ne voulons pas discuter. L'administration est un peu
comme le Seigneur, dont il est dit : « *Patiens quia æternus* » elle
ne répondit point, et comme nous ne sommes pas chargés de la
défendre nous nous bornerons à expliquer sa réserve. Elle se place
bien au-dessus de ces questions où l'intérêt personnel, le besoin
de se mettre en évidence dominent seuls ; elle accomplit sans se
laisser troubler la grande œuvre du maintien de l'ordre public qui
lui a été imposée : le jour où elle voudrait rompre le silence, elle
n'aurait qu'à consulter les nombreux dossiers qui sont entre ses
mains ; elle y trouverait bien des réponses, et si l'on soupçon-
nait seulement le quart de ce qu'elle pourrait dire, on ne songerait plus à l'attaquer. Ce qui la retient, ce qui nous ferme la
bouche à nous-mêmes, les médecins de ces entreprenants adversaires, c'est un sentiment de pitié qui n'a rien de dédaigneux,

qu'on veuille bien le croire ; mais pour chaque mot que nous pourrions dire, il y aurait à divulguer un secret de famille, à faire saigner une plaie qui semble moins douloureuse tant qu'elle reste un peu cachée. Nous n'avons pas à nous justifier d'un jugement consciencieusement porté, quand seuls nous avons entre les mains tous les éléments d'une inébranlable conviction. Voyez ce qui se passe dans la plupart des faits qui ont donné lieu à une séquestration plus ou moins prolongée : un individu est atteint d'un accès d'aliénation mentale, il est en proie à ces irrésistibles impulsions qui le rendent tantôt aggressif et dangereux, tantôt simplement tracassier, querelleur, audacieusement entreprenant : son ambition aveugle n'a plus de frein, il puise dans l'excitation cérébrale, résultat immédiat de la maladie, une activité énorme ; jour et nuit il travaille, il enfante des projets, il arrive à prendre de sa puissance, de son génie, la conception la plus haute ; l'exagération du sentiment de supériorité lui masque tous les obstacles, il se croit appelé aux plus brillantes destinées, et quiconque lui barre un moment le chemin devient un ennemi pour lui : que les choses en restent là, et vous n'aurez qu'un être gênant pour ceux auxquels il s'adresse, et qu'on pourra sans grand inconvénient après tout, laisser se repaître en liberté des chimères qu'il caresse. Mais supposez qu'il fasse un pas de plus, et le degré est facile à franchir, et vous aurez alors une série d'actes compromettants qui seront à chaque instant renouvelés. On ne sait pas assez dans le monde, de quelle ténacité sont capables de pareils malades, on ne sait pas surtout ce que la volonté acquiert d'énergie quand elle se replie sur une conception délirante fixe, et l'on s'étonne de nous voir si réservés, si sévères vis-à-vis de gens qui semblent n'avoir qu'une innocente manie.

« Quoi, nous dit-on, vous appelez fou cet homme qui raisonne si bien sur toutes choses, et chez lequel l'erreur est circonscrite dans un champ si restreint? Où donc placez-vous la limite entre la raison et la folie? » — Oui, c'est un fou pour nous, cet homme qui vous séduit par de brillantes, mais trompeuses apparences ; suivez-le dans sa vie, et vous ne tarderez pas à vous apercevoir de l'effrayante distance qui le sépare de ses semblables. Tant que vous l'observerez, tant qu'il se sentira tenu sous le regard, il marchera droit, comme ces enfants timides auxquels il suffit de tendre de loin les bras pour les empêcher de trébucher ; mais éloignez-vous, laissez-le seul, débarrassez-le de toute contrainte, et aussitôt l'idée délirante reprendra son empire absolu ; tout se subordonnera à elle ; il n'y aura pas un acte de la vie auquel elle n'imprime un cachet spécial ; pour quiconque est obligé de subir ce que l'on appelle trop volontiers des originalités, des bizarreries, du genre de celles que nous caractérisons sous le nom de délires partiels, la vie en commun devient intolérable ; et ce qu'il y a de plus triste à dire, c'est que l'existence de l'être valide et sain est brisée sans profit pour l'aliéné. Je ne veux pas plus que vous qu'on se hâte de séquestrer ces malades, je sais qu'il y en a un certain nombre de complétement inoffensifs, et que la nature même de leur idée délirante permet de conserver dans la famille ; mais ce que nous connaissons tous aussi, c'est l'instabilité d'esprit des fous, c'est leur désolante mobilité, ce sont enfin ces impulsions soudaines qui tout à coup peuvent les transformer, et substituer le désordre au calme trompeur dans lequel on s'était longtemps endormi.

Il faut avouer que nous sommes, en France, bien oublieux et bien ingrats. Il y a, certes, peu de lois qui aient été aussi sérieusement discutées que la loi sur les aliénés ; il n'y en a pas, à coup sûr, une seule à propos de laquelle les débats se soient élevés à une telle hauteur. Jamais la question de la liberté individuelle n'a été plus largement comprise, et, à une époque où toutes les libertés étaient énergiquement défendues et sauvegardées, on eût été mal venu à chercher à en restreindre une seule. Chose curieuse, les arguments dont on se sert aujourd'hui ont tous été produits ; et si l'on reprend *le Moniteur* du 5 au 9 avril 1837, on reste frappé d'étonnement du peu d'imaginative des critiques contemporains. Prenons quelques exemples, le retour vers le passé ne sera pas sans intérêt. Croit-on que la question des admissions n'ait pas été longuement débattue? Qu'on lise les discours de M. de Charamaule, de Larochejacquelein, et les réponses de MM. Vivien, Schauenburg ; M. de Charamaule voulait que la demande d'admission ne pût être faite que d'après l'assentiment du conseil de famille. M. Aroux lui répondit en deux mots que toutes ces formalités dureraient un mois ; et que deviendra l'aliéné pendant ce temps? « On avait voulu, dit M. Vivien, par une légitime préoccupation des intérêts de la liberté individuelle, ajouter à ces garanties (1er paragr., art. 5), dans certaines circonstances, et particulièrement dans l'établissement de Charenton. Le règlement portait qu'aucun individu n'y pourrait être reçu sans une réquisition du maire de son domicile. Eh bien, un mois après que ce règlement était mis à exécution, le ministre de l'intérieur était obligé de donner au chef de la maison l'autorisation de recevoir les malades avant que la réquisition eût été produite. Vous savez, en effet, que quand une personne se trouve frappée de cette effroyable maladie, le premier soin à prendre, c'est de la placer dans des conditions qui puissent améliorer sa situation. » Bien des points sont abordés dans ce remarquable discours [1]. L'esprit général de la loi y est nettement défini : « Nous n'avons pas voulu faire une loi judiciaire, une loi de procédure, de chicane ; nous n'avons pas voulu imposer de formalités désastreuses, onéreuses, contraires aux vues que nous nous proposions. Nous avons considéré d'abord l'intérêt du malade, parce que c'est dans cet intérêt que la loi est faite. C'est dans cette pensée qu'ont été rédigées toutes les propositions que nous avons eu l'honneur de vous soumettre. Nous n'avons pas négligé la liberté individuelle, nous avons fait tout pour qu'elle ne puisse pas être compromise en pareille circonstance ; mais nous n'avons pas voulu, par une exagération qu'on eût pu, à bon droit, nous reprocher, donner à la loi un caractère qui aurait fait qu'au lieu d'être favorable aux aliénés, elle aurait tourné contre eux. »

Toute l'argumentation des membres de la commission repose sur cette base inébranlable ; en vain les objections (les mêmes reparaissent encore aujourd'hui) se multiplient-elles, elles tombent devant la sincérité des déclarations, devant le luxe, on peut dire, de précautions que le gouvernement a prises, et que font valoir MM. Vivien, Schauenburg, Poulle, etc. Ce qu'on veut faire, c'est une loi précise, claire, répondant à de pressantes nécessités de situation. Point d'embarras, pas de lenteurs, la liberté individuelle est suffisamment garantie par les formalités exigées pour le placement des aliénés. Vouloir en ajouter d'autres, c'est perdre un temps précieux. « Ces formalités, dit M. Poulle, sont longues, dispendieuses, inutiles. Il ne peut pas y avoir de danger sérieux pour la liberté individuelle dans les établissements publics, il y a

---

[1] Voy. le *Moniteur*, avril 1857, du 5 au 9.

inutilité pour les établissements privés. L'honorable M. Isambert, qui a parlé de Bastilles et de lettres de cachet, peut se rassurer. Ce qu'il redoute n'existera jamais. Je terminerai par un
fait bien remarquable, c'est que pendant l'espace de quarante
ans, il n'y a pas eu un seul exemple d'atteintes portées à la liberté
individuelle dans la séquestration ou l'isolement des aliénés. Ne
perdons jamais de vue que les aliénés sont des malades, et que
le premier devoir de la société est de veiller à leur guérison. »

Il y a loin de ce langage mesuré aux accusations portées
dans les brochures qui pullulent aujourd'hui. C'est une chose
fâcheuse à dire, il n'y a eu de sérieux dans le fond, comme
dans la forme, qu'une série d'articles publiés dans la *Presse*,
et le livre tout récent de M. le docteur Thulié[1]; tout le reste
trahit la précipitation, la légèreté, l'ignorance. L'un de ces écrits,
que le nom de l'auteur, sa position, semblaient recommander
d'avance, porte pour épigraphe cette phrase : « Le placement
dans un établissement d'aliénés est une atteinte formelle à la
liberté. La faculté de l'ordonner peut devenir une source des
plus coupables abus. — Rien de plus. — M. de Talleyrand avait
bien raison de dire qu'avec trois lignes de l'écriture d'un
homme, on pouvait le faire pendre. Cette citation est prise dans
l'un des discours de M. Vivien, et ainsi séparée de ce qui la
précède, de ce qui la suit, elle semble dire qu'il existe un état de
choses déplorable, auquel on ne saurait trop vite apporter remède. Ce n'était guère la pensée du brillant rapporteur de la
commission. Ce qu'il voulait, c'était de démontrer que la loi était
assez prévoyante pour que ces coupables abus ne fussent pas pos-
sibles. « La liberté individuelle, ajoutait-il, est un des droits que
la Charte a garantis ; le législateur ne peut l'entourer de trop de
protection, et des mesures qui la mettraient en question répan-
draient à juste titre l'inquiétude dans le pays. » Et un peu plus
loin : « L'isolement des aliénés est en effet le premier et le plus
énergique des moyens de traitement ; il est en même temps le
plus urgent ; un retard de quelques jours peut aggraver le mal
au point d'en rendre la guérison quelquefois impossible, toujours
beaucoup plus difficile. Ce retard résulterait nécessairement de
l'obligation de recourir préalablement au préfet..... Dans la plus

---

[1] *La Folie et la Loi.* Paris, 1866.

grande partie de la France, à Paris notamment, les familles sont admises aujourd'hui à effectuer librement des placements dans les établissements d'aliénés. On ne cite aucun exemple de séquestration fondée sur état d'aliénation mentale supposée. » Voilà ce que disait M. Vivien, voilà ce que ne laisse pas soupçonner une citation isolée; nous ajouterons encore une fois, voilà ce qui est encore vrai de nos jours; aussi n'avons-nous pas lu sans un profond étonnement deux anecdotes tendant à prouver quoi? Que d'honorables médecins avaient pu être trompés, et que d'habiles manœuvres avaient pu conduire dans des maisons de fous des individus parfaitement sains d'esprit : nous avons voulu savoir ce qu'il y avait de fondé dans ces assertions; nous avons acquis la certitude absolue que l'une de ces historiettes, piquante peut-être par les détails, ne s'était jamais passée dans la maison de santé que désignaient trop clairement de transparentes initiales. Ce n'est pas avec de pareilles armes qu'on doit combattre, et l'on nuit singulièrement à sa cause quand on l'appuie sur des faits inexacts.

Avant d'aller plus loin, faisons justice d'une allégation étrange; nous avons lu dans la brochure, à laquelle nous venons de faire allusion, cette phrase : « Il pourra arriver que l'autorité, mise en défiance contre le malheureux qui réclame son appui, ne lui accorde qu'une attention distraite. » Et encore celle-ci : « Le procureur impérial seul est tenu de visiter au moins quatre fois l'an les établissements privés, et au moins deux fois les établissements publics. — Mais quel moyen de s'assurer s'il obéit à cette prescription de la loi? Généralement il profite, pour apposer son visa, de toutes les circonstances, un interrogatoire à fin d'interdiction, par exemple, où les devoirs de son ministère l'appellent à l'asile. »

Nous ne savons pas bien ce qui se passe en province ; mais à Paris, nous sommes à même tous les jours de constater la vigilante sollicitude des magistrats auxquels la loi confère le droit de visite dans les établissements publics ou privés. En 1837, M. Odillon Barrot demandait que, « dans des cas particuliers, il ne suffit pas d'un simple acte d'administration pour rendre la séquestration définitive; » il voulait que l'autorité judiciaire fût appelée à se prononcer. M. Isambert combattait aussi de son côté la toute-puissance de l'administration ; « la liberté individuelle n'est bien garantie, disait-il, que par les tribunaux. » Le rapporteur de la commission répondit, et la Chambre des députés fut de son avis, que toutes ces garanties étaient dans la loi, dans son esprit aussi bien que dans ses termes. Et, en effet, il n'y a pas de mois, pour ne pas dire pas de semaines, où le chef d'un établissement public ou privé ne soit appelé à fournir au parquet des renseignements détaillés sur la situation de tel ou tel malade dont les réclamations sont parvenues au procureur impérial. Les visites qu'on représente comme si éloignées ou si légèrement faites, sont de véritables enquêtes ; registres, dossiers, tout est consulté, et le moyen de s'assurer que cette prescription de la loi a été observée, c'est de s'en référer aux procès-verbaux qui constatent et le genre des réclamations et les documents fournis par le médecin. Il nous paraît bien difficile, pour ne pas dire absolument impossible, que le chef de l'établissement induise le magistrat en erreur. Car, à défaut de tout sentiment honnête, il aurait à craindre les peines portées par la loi ; et l'on n'admettra pas volontiers qu'un directeur d'asile, qu'un médecin responsable, s'exposent de gaieté de cœur à la ruine, à quelque chose de pis encore, au déshonneur, pour obéir à une basse cupidité !

Jamais, à aucune époque, les magistrats n'ont oublié, ni négligé les devoirs que la loi leur impose : en veut-on la preuve ? Voici deux lettres émanées du parquet ; nous les publions tout entières ; elles seront la meilleure réponse à faire à ceux qui, peu au courant de nos rapports incessants avec l'autorité, semblent croire que tout le monde autour de nous s'endort dans une douce quiétude, et que l'aliéné ne peut-être ni suffisamment protégé, ni efficacement défendu.

Paris, le 2 juillet 1849.

Monsieur,

La loi du 30 juin 1838 et l'ordonnance du 18 décembre 1839 ont imposé de graves devoirs au ministère public, à l'égard des *aliénés*. Le placement et le maintien de ces infortunés dans les établissements qui leur sont destinés, les soins qu'ils doivent y recevoir, leur état civil, l'administration de leur fortune appellent également sa surveillance et sa sollicitude.

Pour remplir dans toute leur étendue ces devoirs, en ce qui me concerne, j'ai besoin d'avoir continuellement sous les yeux un état des aliénés placés dans les Établissements du département de la Seine ; état qui, contienne, en outre, les renseignements nécessaires pour m'éclairer et sur les aliénés et sur les établissements.

J'ai l'honneur de vous adresser un tableau disposé de manière à recueillir ces renseignements.

Vous n'y porterez, bien entendu, que les aliénés qui se trouveront dans votre maison, *le jour de la réception de la présente*, en commençant par les plus anciens.

L'intitulé des colonnes indique suffisamment leur destination spéciale.

Pour plus d'exactitude et de précision, la mention de la 9e colonne sera soumise au médecin de l'établissement.

Les colonnes 10 et 11 ne seront remplies, qu'autant que l'aliéné serait pourvu, soit d'un *tuteur*, soit d'un *administrateur provisoire*.

Si ces documents vous manquaient, vous les réclameriez sans retard, dés personnes qui auraient requis le placement; sans différer pour cela le renvoi du tableau à mon parquet, sauf à m'adresser ces renseignements, aussitôt leur réception.

La colonne 12 restera en blanc.

Enfin je vous prierai de noter sur la première page ou couverture du tableau :

1° La date de l'ordonnance qui a autorisé votre établissement ;

2° Le nombre *maximum* des pensionnaires que cette ordonnance a fixé ;

3° Le *sexe* que vous pouvez recevoir;

4° Les noms et demeure du principal médecin de la maison.

Recevez, Monsieur, l'assurance de ma considération distinguée.

Le Procureur de la République,

Victor FOUCHER.

Paris, le 28 décembre 1849.

Monsieur,

J'ai reçu de M. le Procureur général, une circulaire dont je crois utile d'extraire et de vous mettre sous les yeux les passages suivants:

Après avoir rappelé l'obligation des visites périodiques, de la part des Procureurs de la République, M. le Procureur général ajoute :

« Cette visite doit être constatée par un procès-verbal, indiquant que « l'établissement est distribué suivant les règles prescrites par la loi : « qu'il est exclusivement destiné au traitement des maladies mentales, « ou du moins que la section affectée a ce service est entièrement distincte des autres : que les sexes y sont séparés, et que les mesures « d'ordre et de convenance sont régulièrement observées.

« Vous devez faire connaître votre qualité aux malades, provoquer par « vos interpellations, les réclamations qu'ils pourraient avoir à faire, « et vérifier immédiatement ce qu'elles auraient de fondé.

« Vous devez aussi , aux termes de l'article 12, vérifier avec soin le

« registre légal de l'établissement, et vous assurer que les prescriptions
« si importantes de cet article ont été complètement observées.

« Je vous recommande, surtout, de veiller à ce que les mentions
« prescrites s'y trouvent exactement portées, que les trois certificats y
« soient transcrits en entier et notamment que, chaque mois, le médecin
« y écrive une annotation sur l'état de chaque malade.

« Si je suis bien renseigné, la loi serait, sous ce rapport, très-inexac-
« tement obéie.

« Je vous invite avec instance à la faire observer avec plus de soin
« désormais, et je vous rappelle à ce sujet la sanction qui se trouve dans
« l'article 41.

« J'appelle également votre attention sur les articles 31 et suivants.
« Il importe que vous vous assuriez avec soin si, dans les établissements
« privés surtout, les malades non interdits n'ont pas besoin d'un admi-
« nistrateur provisoire ou de quelque autre protection légale ; et d'insis-
« ter, s'il y a lieu, auprès des commissions administratives, pour que
« les dispositions protectrices des articles que je viens de vous rappeler,
« ne soient pas oubliées ou méconnues.

« Il faut que les malheureux atteints de folie, et que la perte de leur
« raison livre sans défense à la cupidité ou à l'incurie des tiers, puissent
« trouver dans les officiers du ministère public, des protecteurs vigi-
« lants qui viennent en aide à leur faiblesse. Tel a été le vœu de la loi,
« et je compte sur votre concours dévoué, pour en assurer l'entier ac-
« complissement.

Je vous recommande, Monsieur, de porter de plus en plus votre attention, sur tous les points qui viennent d'être énumérés, notamment sur
la tenue régulière du registre et sur les mesures de protection à réclamer dans l'intérêt des malades.

Pour me conformer, quant à ce dernier objet, d'une manière plus par-
ticulière, aux instructions de M. le Procureur général, je vous prie de
m'adresser, le plus promptement possible, les noms de tous ceux de vos
pensionnaires qui peuvent se trouver dans le cas d'être pourvus d'un administrateur provisoire, et en générale de tous ceux dont vous seriez
porté à penser que les intérêts civils ne sont pas convenablement admi-
nistrés.

Agréez, Monsieur, l'assurance de ma considération distinguée,

Le Procureur de la République,

Victor FOUCHER.

Ce ne sont pas là des faits isolés, et nous avons entre les
mains bien d'autres pièces qui prouvent la constante sollicitude
du pouvoir judiciaire, celle non moins active du pouvoir administratif.

III

L'opinion que nous défendons a été vivement combattue par
M. André Sanson dans *la Presse*[1]. Nous nous plaisons à reconnaître dans notre honorable contradicteur une incontestable
bonne foi, une haute opinion de la moralité du corps médical;
nous sommes fort à l'aise vis-à-vis de lui, parce qu'il écrit ce
qu'il pense, que son esprit est assez éclairé et assez juste pour ne
pas trouver mauvais que nous soyions d'un avis différent du sien.

La grande erreur, à notre sens, celle qui est le point de départ
de tout ce débat, c'est celle qui consiste à parler de l'aliéné
comme on parlerait d'un homme sain d'esprit. A un état excep-
tionnel, qui fait tout à coup qu'un individu se sépare de la société
par des idées, par des actes essentiellement différents des idées
et des actes des autres hommes, il fallait une loi spéciale; il fallait
à l'ordre public des garanties, à l'individu malade et irrespon-
sable, une protection suffisante. Nous croyons que la loi de 1838
a pourvu à tout cela; les placements, soit volontaires, soit d'office, doivent pouvoir être rapidement exécutés; toute temporisa-
tion peut amener de tristes conséquences. Des faits prouveront
mieux que de longues argumentations combien il est important
qu'on puisse agir vite : il n'y a pas huit jours qu'un homme
dans une situation de fortune élevée, adonné depuis longtemps à
des habitudes alcooliques, fut pris d'un accès de delirium tremens. Les hallucinations terrifiantes de la vue et de l'ouïe le har-
cèlent sans trêve; il a fui son domicile, il s'est réfugié dans un
hôtel, et là, au milieu de la nuit, il entend des voix qui l'inju-
rient; elles semblent sortir de son lit même; il se lève, jette à
terre les matelas, s'arme d'un couteau, et brise le sommier
sous lequel il croyait saisir ses imaginaires persécuteurs. Il ne
trouve rien, son inquiétude redouble : les voix deviennent de plus
en plus menaçantes, il demande du secours : on vient près de lui,
il nomme son médecin qu'on va chercher. Celui-ci arrive; l'aliénation mentale est évidente; de plus, il y a danger imminent
pour le malade, qui se croit déshonoré et veut se tuer; comment

[1] *La Presse*, 22 et 25 juin 1864; 14 février et 1er mars 1865, *id.*

le maintenir dans une chambre d'hôtel garni? Quels soins lui donner? Comment faire pour qu'il ne soit pas la victime des impulsions irrésistibles qui le sollicitent? Il est certain que si on l'abandonne à lui-même, il va se suicider; il est à peu près certain d'un autre côté, qu'il va guérir si des soins convenables lui sont donnés. Comment hésiter en pareil cas, et de quel poids peut peser dans la balance le respect de la liberté individuelle, quan^d, de l'autre côté, la vie est en péril? Croit-on qu'il soit si facile d'attendre une journée quand on n'a rien sous la main, et ne vaut-il pas mieux cent fois prendre immédiatement le seul parti vraiment sage, celui de l'isolement dans une maison spéciale? — C'est ce que fit le médecin, et son malade, convenablement traité, est aujourd'hui en voie de guérison.

Ce qu'il serait devenu en attendant les experts, leur rapport, l'ordonnance du procureur impérial, si promptes qu'aient pu être les démarches, nul ne le sait; mais dans l'état de trouble et d'exaltation maniaque dans lequel il se trouvait, il est probable qu'il eût compromis sa vie. Ces cas-là sont rares, me dira-t-on?. — beaucoup moins qu'on ne le pense. Il y a quelques mois, un mari se présente dans une maison de santé pour demander qu'on voulût recevoir sa femme, atteinte de délire mélancolique depuis une quinzaine de jours. On l'avait gardée chez elle tant qu'on avait pu; mais, depuis la veille, elle avait fait deux tentatives de suicide; les garde-malades refusaient de rester près d'elle. Il fallait s'en séparer. Pendant que le mari était occupé à préparer son placement, la malheureuse femme se précipitait par la fenêtre et se brisait les deux cuisses. Et ce soldat qui, sans provocation, tue en plein jour, dans la rue, un passant inoffensif? et ce jeune homme qui, sur la place des Victoires, se jette comme un furieux sur la première personne venue, la déchire avec ses dents? et tant d'autres, dont on pourrait rappeler l'histoire, ne sont-ils pas là pour révéler tout ce que la folie a d'instantané, de soudain qui ne permet pas de rester les bras croisés vis-à-vis d'elle? Pour moi, dût ma franchise attirer sur ma tête bien des anathèmes, je crois qu'on ne saurait prendre trop de prudentes mesures : les aliénés ne sont plus, par le fait de leur maladie des êtres libres; ils ont cessé d'être comparables aux autres hommes; les lois générales qui protègent la liberté des citoyens ne leur sont plus applicables, et je dirai d'eux ce que

M. le docteur Dally dit des criminels, dans un travail où les tendances d'une haute philosophie s'allient avec les doctrines de la médecine la plus éclairée : « Il faut les traiter comme des malades, n'avoir à leur égard ni haine ni colère, ni esprit de vengeance, mais se borner à préserver la société des dangers qu'y fait naitre leur présence[1].» Le moyen de se préserver, la loi nous le donne, c'est le placement dans l'asile. Voilà, nous le savons, ce que l'on trouve monstrueux, exhorbitant ; et cependant, comment pourrait-on agir autrement? Faut-il accepter sans conteste le principe formulé en ces termes par M. A. Sanson[2]. « Le droit de défense de la société ne peut s'ouvrir que par l'attaque. D'où il suit que pour les fous, de même que pour les gens sains d'esprit, les pouvoirs sociaux ne devraient au moins sévir que dans le cas de tentative de crime ou de délits. » — Nous qui savons, par l'expérience de tous les jours, que tel malade inoffensif aujourd'hui, peut devenir demain aggressif, violent, nous ne pouvons accepter une pareille doctrine. Nous croyons comprendre mieux cet important problème d'économie sociale qui veut que la sécurité de tous soit garantie contre les attaques d'un seul, et nous considérons comme un devoir de dire hautement : que l'aliéné a toujours besoin d'une surveillance spéciale, et que, quand cette surveillance ne peut être ni vigilante, ni continue, c'est à l'autorité qu'il appartient d'intervenir. Mandataire de la société, elle confie l'individu qu'elle ne peut se charger de garder elle-même à un établissement sur lequel elle peut avoir l'œil toujours ouvert. Elle demandera compte aux chefs de cet établissement du dépôt qu'elle a remis entre leurs mains, et la loi qui règle ces divers actes, qui sauvegarde la société en même temps qu'elle protége l'individu, est, à notre sens, une véritable loi de sûreté publique. Du reste, cette question n'est pas d'aujourd'hui seulement à l'étude. Il y a vingt ans, c'était en 1845, M. Ferrus la traitait avec tous les développements qu'elle méritait. Son rapport fut envoyé au ministre de l'intérieur, nous en détachons le paragraphe qui a plus particulièrement rapport aux imbéciles et aux idiots ; le ministre voulait être fixé sur l'opportunité qu'il pourrait y avoir d'exclure de l'action de la loi les idiots et les im-

---

[1] E. Dally, *Remarques sur les aliénés et les criminels au point de vue de la responsabilité morale et légale*. Paris, 1865.
[2] A. Sanson (*la Presse*). 25 juin 1864.

béciles, sous prétexte que ces malades, sans espoir de guérison, mais sans danger pour l'ordre public ou la sécurité des personnes, n'ont pas droit à la protection administrative «si calmes et inoffensifs que puissent paraître les imbéciles et les idiots, répondit M. Ferrus, il suffit d'une circonstance pour surexciter chez eux des instincts violents et les porter aux actes les plus compromettants pour la sécurité et l'ordre publics. Rien n'est moins rare que de voir des meurtres commis par ces malheureux incapables de se rendre compte de ce qu'ils font. Comme la plupart possèdent la force physique et ont quelquefois assez d'intelligence pour exécuter les choses qu'on leur commande, ils deviennent souvent, entre les mains de gens pervers, d'aveugles instruments de dommages..... Il est surtout à leur occasion un point qu'il importe de ne pas perdre de vue, parce qu'il a trait à des dispositions dont la manifestation est non moins fâcheuse que persévérante : il s'agit des passions brutales. La lubricité est chez les idiots un phénomène caractéristique. Chacun sait avec quelle fureur ces infortunés se livrent à l'onanisme. Or, souvent, pour satisfaire ce penchant irrésistible, s'ils rencontrent quelque femme ou fille à l'écart, il les attaquent et les rendent victimes de leurs infâmes attentats. Les idiotes ne sont pas attirées vers les hommes avec un moindre empire, et, il faut le dire, à la honte de l'espèce humaine, il est des gens assez dépravés pour oser abuser de leur ignorance et de leur faiblesse. C'est donc avec raison que l'on doit ranger les idiots dans la catégorie de ces aliénés dangereux dont la loi prescrit à l'administration de s'assurer et de prendre soin. »

Cette citation nous fait encourir de nouveau le reproche que M. A. SANSON adresse à la loi de 1838, « de substituer la juridiction arbitraire du pouvoir administratif à la juridiction tutélaire du pouvoir judiciaire. » — Mais à quoi bon faire intervenir le pouvoir judiciaire? Voulez-vous qu'un jugement prononce qu'il y a lieu de placer et de maintenir un malade dans une maison de santé publique ou privée? — Qu'allez-vous faire? — Un magistrat pourra-t-il statuer par une simple ordonnance de référé? Jamais il n'acceptera une responsabilité pareille s'il n'y a pas eu une enquête, un certificat médical, une demande formelle des intéressés. — Est-ce que la loi n'oblige pas à la présentation de cette demande et de ce certificat? Que seront donc toutes les démarches qu'il faudra faire auprès du parquet? — On perdra du temps, et, chose plus grave encore s'il s'agit d'un aliéné curable, on ébruitera, sans profit aucun, une situation qui ne doit être que temporaire. Vous ne détruirez pas les préjugés du monde, et vous pourrez bien nuire à la considération, à la fortune, à l'avenir tout entier d'un malade, en faisant connaître, par un jugement que rien ne peut empêcher d'être publié, qu'à telle époque il a été fou, et qu'il a fallu le priver momentanément de sa liberté. Cette question a été agitée en 1857, et voici ce que disait M. de Montalembert : « Je trouve dans la loi, dont j'apprécie autant la pensée fondamentale que la plupart des détails, d'excellentes garanties pour la liberté individuelle, ainsi que pour la sécurité publique ; mais je n'en trouve pas pour un objet presque aussi important, qui est l'honneur des familles. Cet honneur dépend principalement du secret qui sera gardé, dans les cas où une guérison est possible ou probable, de la maladie qui a affligé un des membres d'une famille. » — Et plus loin encore, dans le même discours il ajoutait : « Il me paraît inutile d'étendre à un tel degré cette publicité qui peut avoir de si graves inconvénients pour l'honneur des familles ; cet honneur est un dépôt sacré entre les mains de l'administration qui me paraît l'avoir trop oublié dans cette loi. » — Il ne s'agissait pas, il est vrai, de jugement préalable, mais bien des personnes qui seraient déléguées pour visiter les établissements d'aliénés. Nous avons rapporté ce passage, parce qu'il peut aussi bien s'appliquer à la publicité beaucoup plus certainement encore très-étendue que donnerait une action judiciaire à l'état d'un aliéné.

On a beaucoup parlé des erreurs que le médecin pouvait commettre. Certes, nous sommes tous faillibles, et ce serait une ridicule prétention que de se croire apte à reconnaître du premier coup et toujours l'aliénation mentale ; mais nous n'agissons pas d'habitude avec tant de précipitation, quand il nous faut déterminer l'état mental d'un individu soumis à notre examen. Quand un aliéné est envoyé dans un asile, de deux choses l'une, ou la folie est évidente, indéniable ; c'est un état aigu ou chronique dans lequel le délire s'accuse avec les traits les plus caractéristiques ; ou bien la folie est latente, soigneusement dissimulée par le malade qui se tient sur ses gardes. Dans le premier cas, point d'embarras ; dans le second les difficultés se pressent en foule, et bien téméraire serait celui qui se prononcerait à la hâte. C'est alors qu'il faut apporter le soin le plus minutieux à l'étude de tous les symptômes, qu'il faut tout peser, tout voir, tout entendre; qu'il faut enfin savoir suspendre son jugement jusqu'au moment où la conviction deviendra inébranlable, appuyée qu'elle sera sur des faits dont le médecin qui les a découverts est seul à même d'apprécier la valeur. M. le docteur Linas a fait justice des prétentions de ceux qui croient comme MM. Coste et Elias Regnault « qu'il n'est aucun homme d'un jugement sain qui ne soit aussi compétent que M. Pinel et M. Esquirol, et qui n'ait encore sur eux l'avantage d'être étranger à toute prévention scientifique, » qui déclarent en outre que « les médecins n'ont que des idées obscures, des notions incertaines sur la folie; et que pour être au niveau des connaissances actuelles de cette branche de la science humaine, il suffit du simple bon sens... donc, les médecins ne sont pas plus compétents que les premiers venus pour juger les questions qui y sont relatives. » — « Eh quoi ! dit le docteur Linas, les caractères de la folie sont parfois si équivoques, les nuances qui la séparent de la raison peuvent être tellement variées, indécises et confuses, qu'elles échappent même aux yeux des psychologues les plus profonds, des observateurs les plus clairvoyants, des praticiens les plus attentifs, et vous voudriez que le premier venu, un ignorant, un rustre, n'éprouvât aucun embarras à les discerner? Mais vous-mêmes, qui avez, dites-vous, médité les écrits des médecins sur la folie, vous vous faites sur cette maladie les idées les plus défectueuses qu'on puisse imaginer; vous partagez les erreurs et les préjugés du vulgaire sur sa nature et sur ses formes, vous n'admettez pas d'aliénation mentale en dehors de la démence ou de la fureur, c'est-à-dire, en dehors de ses limites extrêmes, privation complète ou désordre absolu de la raison, sans égard pour les variétés intermédiaires; vous rattachez exclusivement la folie à un trouble dynamique et primitif de l'intelligence, tandis qu'elle provient si souvent d'une lésion matérielle et appréciable de l'organisme! Et c'est sur cette théorie essentiellement frivole et radicalement fausse que vous prétendez édifier un nouveau système de jurisprudence[1]? »

---

[1] M. le docteur Linas, *Dictionnaire encyclopédique des sciences médicales*, article *Aliénés* (médecine légale), 1865.

Ce serait affaiblir cette argumentation serrée et précise que de chercher à la développer davantage. Si parfois nous avons prêté le flanc aux attaques en ayant un peu trop de confiance dans nos lumières, il est juste cependant de reconnaître que de longues années passées à observer les aliénés ont bien dû nous apprendre quelque chose, et que nous avons, sinon un jugement plus sain, du moins plus d'expérience que ceux qui s'attribuent une compétence égale à la nôtre. Si, après les précautions les plus minutieuses, les investigations les plus patientes, nous concluons à la folie, c'est qu'en réalité tout l'entourage du malade nous aura fourni des renseignements dont nous aurons pu vérifier l'exactitude ; c'est que nous aurons trouvé, dans les écrits, dans les déterminations, dans la vie tout entière, les éléments du diagnostic que nous nous croirons autorisés à porter. Veut-on un exemple entre mille des difficultés qui se présentent dans les cas de délires partiels? En voici un que je citerai parce que tout le monde en pourra contrôler les détails. L'année dernière le parquet de Versailles fut saisi d'une demande d'interdiction ; il s'agissait de l'un de ces hommes d'une intelligence hors ligne, dont les aptitudes financières et commerciales avaient autrefois été incontestables ; cet homme n'avait jamais pu fixer la fortune qui plusieurs fois lui avait souri; il changea seize fois de profession et de résidence dans l'espace de dix ans ; il fondait un établissement à Lille, puis tout d'un coup, il abandonnait toutes ses entreprises pour aller à Marseille recommencer sur de nouveaux frais; on put le suivre dans toutes ses aventureuses pérégrinations, et on le trouva tantôt réduit presque à la mendicité, copiant pour vivre des rôles chez un notaire, tantôt placier de librairie, tantôt courtier d'assurance, puis photographe, et directeur d'un bureau de placement de domestiques. Il passe à Londres quelques jours, il y est pris d'un accès nettement caractérisé d'aliénation mentale, on le ramène en France, et ses propos incohérents, ses menaces contre d'imaginaires persécuteurs qu'il accusait de vouloir l'empoisonner, obligent à le séquestrer dans une maison spéciale. Sa famille voulait lui conserver le peu de fortune que lui avait légué son père ; il fallait lui nommer un tuteur. Le président du tribunal de Versailles interrogea lui-même le malade, et pendant près de trois heures, il fut impossible de trouver un mot à reprendre

dans ses réponses. Les affirmations du conseil de famille étaient
trop nettes et trop précises pour qu'on n'en tînt pas compte.
Une enquête médicale fut ordonnée ; la première visite des trois
médecins experts (MM. Cerise, Calmeil et Tardieu) fut sans résultat ; ils ne se prononcèrent pas ; ils revinrent après quinze
jours. En garde contre eux, contre lui-même, il ne délira pas
encore, mais cette fois pourtant il laissa percer un orgueil
excessif, une croyance profonde à de hautes destinées qui l'attendaient ; il semblait ne pas douter que dans un avenir pro-
chain il serait appelé à communiquer ses idées financières au
chef de l'État. Entré dans cette voie, il ne tarda pas à se révéler ;
la folie longtemps contenue se manifesta dans des lettres adressées aux plus hauts personnages ; il y était question de ses ennemis d'autrefois rendus impuissants par des influences auxquelles rien ne pouvait résister ; de la découverte d'un fils qu'il
croyait mort depuis quinze ans, et que par une révélation subite
il venait de reconnaître ; les médecins experts le virent une
troisième fois, et leur opinion ne fut plus douteuse alors. Dira-
t-on que leur tâche avait été facile ?

Pour nous, qui assistions à cette grave, à cette consciencieuse
investigation, nous affirmons sans crainte d'être démenti, que la
folie, qui toujours existe chez cet homme, mais ne devient évidente que dans des conditions particulières, que sous des excita-
tions spéciales, et aussi sous l'influence de conditions physiologi-
ques et pathologiques déterminées, n'eût jamais été soupçonnée
par des médecins ou par des magistrats qui s'en fussent tenus à
un premier examen, et qui, n'ayant pas l'habitude et l'expérience, n'auraient pas su trouver les idées délirantes.—Et, cependant cet aliéné, si brillant causeur, si habile écrivain par moments, avait un jour voulu tuer d'un coup d'épée une femme
qu'il accusait de lui badigeonner le fond de la gorge avec de
l'huile de Croton Tiglium pendant son sommeil ! — Nos annales,
qu'on ne veut pas consulter, sont pleines de faits semblables ;
quant à nos erreurs, qu'on veuille bien nous permettre de le
dire, elles sont en petit nombre ; jamais dans tous les cas, la
bonne foi médicale n'a été soupçonnée, et nous ne comprendrions
drions pas bien qu'on fût plus sévère pour nous qu'on ne l'est
pour la justice : ses arrêts, après de consciencieux débats, ont pu
frapper des innocents, et le respect dont elle est entourée n'en a

pas été amoindri, parce qu'on sait comment elle est rendue dans
notre pays ; qu'on fasse de même pour la médecine qui n'a pas la
prétention d'être infaillible : la loi ordonne qu'il n'y a pas lieu de
maintenir en prison un individu dont la culpabilité n'est pas démontrée ; la loi ordonne la mise en liberté immédiate d'un individu dont l'aliénation mentale n'est pas évidente, la situation est
la même de part et d'autre, la protection est égale dans les deux
cas ; reste la question de la détention préventive, et il faut avouer
que l'avantage est pour nous, car nous pouvons faire cesser immédiatement la séquestration d'un homme présumé atteint d'aliénation mentale, et l'innocent, accusé d'un crime ou d'un délit qu'il
n'a pas commis, attendra bien plus longtemps qu'on ait statué sur
son sort.

Je me suis étendu sur cette question de compétence parce
qu'elle se représente à chaque instant ; mon savant collègue et ami,
le docteur Linas, en a fait ressortir toute l'importance, il a montré
toutes les difficultés de notre tâche, et il a fait oivr comment nous
autres, les spécialistes, qu'on accuse, si légèrement, de voir la
folie partout, nous comprenons la responsabilité si lourde qui
pèse sur nous. — Ce fut pour en alléger le fardeau que les auteurs de la loi de 1838, accordèrent aux chefs d'établissement un
délai de quinze jours pour vérifier l'état mental de l'individu qui
leur était présenté. Quinze jours, c'est un siècle quand il s'agit
d'une question de liberté, s'écrie-t-on ! Oui sans doute, mais
croit-on que dans le cas d'une imputation d'aliénation mentale
nous attendrions si longtemps ? Croit-on encore que ce malheureux va devenir l'objet de rigoureuses mesures et que nous fer-
merons les oreilles à toutes ses réclamations, à toutes ses plaintes ? Ce serait bien peu connaître l'organisation, l'administration
de nos asiles. Veut-on savoir ce qui se passe en réalité ? le voici,
et je m'appuie de l'autorité, de l'expérience de tous les médecins
qui ont vu beaucoup d'aliénés : c'est un fait d'observation que les
individus dont les réclamations sont le plus mesurées, sont aussi
ceux dont l'état mental est le meilleur. N'ayant jamais vu, pour ma
part, de séquestration arbitraire, je ne saurais dire quelle serait l'attitude d'un homme qu'on aurait enlevé de son domicile pour le conduire frauduleusement dans une maison de fous ; mais ce que je sais,
ce que nous savons tous, c'est que les récriminations incessantes,

les menaces sont en général d'un mauvais augure; elles semblent
être spécialement l'indice d'un état chronique, d'un délire systé-
matisé, dont les manifestations ne tarderont pas à se faire jour. Sous
le coup de la mesure prise, les préoccupations habituelles seront
pour un moment éloignées ; le plus souvent on ne parviendra pas
à les provoquer ; on n'obtiendra pas une seule réponse aux questions adressées, il n'y aura qu'une seule idée, celle de reconqué-
rir la liberté perdue ; l'aliéné n'écoute pas, il ne discute pas, il pro-
teste, il injurie, il s'emporte. — Jamais contraste ne fut plus
frappant que celui des rapports d'un médecin respecté dans sa
maison, dans son service, avec les malades qu'il dirige. Les convalescents, les aliénés dans les périodes de rémission du délire,
ne demandent pas avec instance leur sortie, ils ne la veulent pas
immédiate ; ils s'en remettent à nous, et quand, avec quelques
mots d'encouragement, nous leur faisons entrevoir la guérison
prochaine, ils ont confiance, ils attendent patiemment. Je suis
certain de n'être démenti par personne en affirmant que c'est là
l'un des signes les plus sûrs d'une amélioration réelle, que c'est
aussi celui qui nous permet le mieux d'espérer un retour complet
à la raison. — Avec de tels malades, on discute, on exerce une salutaire influence, on est écouté enfin ; avec les autres on se heurte
à une inflexible opiniâtreté que ne peuvent vaincre ni les conseils,
ni la douceur, ni l'appareil même de l'autorité. Je ne crois pas
qu'un homme sain d'esprit, enfermé par erreur, se refuse à reconnaître la justesse des observations d'un médecin qui lui dirait :
« J'ai entre les mains des pièces qui vous déclarent atteint de
folie ; je ne vous connais pas, et je suis appelé à devenir dès aujourd'hui juge dans votre cause ; j'ai besoin que vous viviez près
de moi, sous mes yeux quelque temps, c'est à vous de me
prouver qu'on s'est trompé ; si vous n'êtes pas fou, je deviendrai
votre plus ferme appui. » Si un pareil langage était accepté, la
séquestration n'aurait pas de rigueurs bien effrayantes ; le noir
tableau qu'on en trace serait singulièrement éclairci ; et nous qui
dans l'exercice de notre profession ne rencontrons que de si rares
compensations, nous serions heureux de faire pour cette homme
ce que nous faisons pour nos convalescents ; nous l'éloignerions
d'un triste milieu, nous essaierions d'abréger les heures de sa ca-
ptivité, et, sans nous départir de la réserve que nous impose l'esprit même de la loi qui ne veut pas que nous nous prononcions

trop vite, sans faire cesser une attentive et vigilante surveillance, nous saurions bien lui faire la vie assez douce pour que, rendu à la liberté, il n'eût pas de haine, pas de rancune contre nous ; qu'il ne nous accusât pas d'être devenus les complices de l'attentat dont il aurait été victime.

Ce n'est pas répondre à l'objection, me dira-t-on? Une loi est mauvaise, quand on peut l'éluder et commettre de tels abus, sans paraître l'avoir violée. — A mon tour je demanderai : où sont enregistrés les faits de ce genre? Combien en avez-vous à citer? Ceux que vous mettez en avant ne sont-ils pas discutables? L'interprétation que vous leur donnez est-elle la vraie? — Je déclare ne pas connaître un fait authentique de séquestration arbitraire ; j'irai même plus loin, je ne crois pas qu'il soit possible d'en trouver un seul depuis vingt-six ans. Supposez que, par surprise, cela puisse arriver, comment voulez-vous que la séquestration dure par le mauvais vouloir ou la cupidité d'un médecin, quand l'article 41 est là, menaçant ; quand, dans ce microcosme qu'on appelle un asile, où les intérêts sont si divers, si opposés, tout le monde a l'œil sur le chef de service, et ne serait pas fâché de le trouver en faute? Les conséquences, je l'ai déjà dit, seraient bien plus graves encore, elles seront toujours bien autrement redoutées dans une maison de santé privée.

Ce qu'il faut voir dans la loi, c'est sa lettre, son esprit. Sous le mot folie, sont rangées toutes ces aberrations de l'intelligence dont l'expression symptomatique peut être aussi variée que les diverses formules de la pensée humaine. Vouloir déterminer d'une manière nette et précise tout ce qui se devra faire dans les différentes éventualités qui se pourront présenter, ce serait s'exposer à tomber dans le plus profond chaos. Il fallait trouver des termes assez généraux pour pouvoir s'appliquer à l'immense majorité des situations ; mais ne les pouvant prévoir toutes, il fallait bien laisser la place à quelques facilités qui permissent de pourvoir, dans un moment donné, à des exigences impérieuses. Prévenir des abus, les réprimer sévèrement, s'ils se produisent, telle a dû être la lettre de la loi. Protéger un être faible, le sauvegarder contre lui-même, contre les autres, telle a été la pensée dominante : on en retrouve partout la tracé ; tel en est l'esprit ; et ceux qui en nient les bienfaits, ou ne la connaissent pas bien, ou n'ont pas été à même d'en suivre l'application.

IV

La question des sorties ne devait pas provoquer moins de réclamations que celle des admissions. Pour nous, nous la trouvons d'une gravité extrême ; c'est celle qui, dans notre carrière médicale, nous a toujours le plus vivement préoccupé. Nous avons eu l'occasion de dire ailleurs ce que nous pensions du retour dans la famille, du placement dans des exploitations agricoles, d'aliénés incurables mais inoffensifs ; nous n'avons pas appris que les expérimentations si généreusement tentées par M. Arthaud (de Lyon) aient pu se multiplier, et nous conservons encore les doutes que nous exprimions alors ; mais ici nous ne voulons parler que des aliénés curables, des sorties par suite de guérison.

De bonne foi, est-il possible de se conduire vis-à-vis d'un aliéné comme on semblerait vouloir nous inviter à le faire? Dans toute maladie aiguë, la convalescence est l'objet des plus minutieuses précautions ; on craint les rechutes, souvent plus compromettantes que l'affection première, et tout médecin prudent ne se relâche de sa sévérité qu'avec une sage lenteur. Pourquoi voudrait-on qu'il en fût autrement en aliénation mentale? Voilà un malade qui vient de passer six ou huit mois dans un état d'excitation maniaque violente, un autre qui est resté plongé le même temps dans la plus profonde stupeur, un troisième qui, après quinze jours, s'est débarrassé de l'alcool dont son économie était saturée, et qui n'a plus rien de l'accès du delirium tremens pour lequel on nous l'a confié ; croit-on que ces trois malades, arrivés le même jour, je suppose, à la guérison, doivent être traités de la même manière, et qu'il va falloir à tous les trois ouvrir à la même heure les portes de l'asile, parce qu'il y a dans la loi un article ainsi conçu :

Art. 13. — Toute personne placée dans un établissement d'aliénés, cessera d'y être retenue aussitôt que les médecins de l'établissement auront déclaré, sur le registre énoncé en l'article précédent, que la guérison est obtenue.

Ce serait pécher contre les règles de la plus élémentaire prudence. Si le buveur peut sortir sans inconvénient, le maniaque a besoin d'une plus longue surveillance, et voici pourquoi : c'est qu'il arrive, vers la fin des accès de manie franche, des périodes de rémission qui peuvent durer plusieurs jours ; le malade va très-bien ; il est CALME, il se sent renaître, il nous annonce que « tout est fini ; » puis il redevient plus causeur, son sommeil est court, il est repris d'une bouffée d'activité morbide, et un autre accès éclate. La durée n'en sera pas longue, il est vrai, et la convalescence ne s'en établira pas moins bien après lui ; mais, je le demande, où sont les signes absolus, certains de la guérison complète? Est-il donc indifférent de distinguer une guérison apparente d'une guérison réelle? Ce sont des appréciations médicales ; elles ne sont point infaillibles, nous en convenons volontiers ; mais comme nous n'entrevoyons pas le procédé à l'aide duquel on arriverait plus vite et plus sûrement que nous à une certitude absolue, il faudra longtemps encore se servir des mêmes moyens de conviction que nous, c'est-à-dire suivre consciencieusement le malade, l'observer, essayer ses forces, rompre peu à peu l'isolement, et ne le rendre à la liberté que le jour où nous le croirons assez solide pour ne pas être renversé au premier obstacle.

La visite d'un médecin expert pourrait bien trancher la difficulté dans les cas douteux, et plus d'un chef de service, plus d'un directeur de maison de santé privée accepterait d'être ainsi déchargé de la lourde responsabilité qui pèse sur lui. Mais ce médecin expert, où va-t-on le prendre pour qu'il ne vous devienne pas promptement suspect? Qui allez-vous lui adjoindre? Des magistrats? Si l'on entre dans cette voie, il faut créer une fonction nouvelle, car il est impossible d'acquérir dans ces délicates questions une expérience suffisante, si l'on ne fait que passer. Quand tous les jours nous nous trouvons en présence de situations imprévues, comment veut-on qu'une loi immuable détermine la conduite que nous aurons à tenir? Comment veut-on surtout que les experts décident qu'il y a lieu de ne pas maintenir l'individu qui réclame, dont nous considérons la guérison plutôt comme apparente que comme réelle? Il y a là de sérieuses difficultés à vaincre. Nous comprenons très-bien qu'on s'inquiète à ce sujet, c'est de ce côté qu'il peut se glisser des abus ; mais, pour les réprimer, nous ne voyons pas qu'il soit bien nécessaire de modifier la loi ; il n'y a qu'à l'appliquer ; l'embarrasser d'une réglementation plus compliquée est tout à fait inutile, et l'on risquerait singulièrement, en voulant trop bien faire, de commettre de lourdes fautes.

Dans un livre paru il y a quelques jours, M. le docteur Thulié, que des études spéciales, plusieurs années passées au milieu des aliénés ont familiarisé avec toutes ces graves questions, s'est rangé parmi les adversaires de la loi ; il serait injuste de ne pas tenir compte de cette œuvre ; elle est irréprochable dans toute la première partie, mais nous nous séparons complétement de l'auteur pour tout le reste ; les chapitres intitulés : « la Loi » et « Réforme » nous paraissent inacceptables. Nous ne voulons ni les analyser, ni les discuter, ce serait revenir sur ce que nous avons déjà dit ; nous préférons conseiller la lecture de ces pages qui ont du moins le mérite d'un style élégant et facile ; mais que M. le docteur Thulié nous permette de le lui dire, il nous paraît bouder la loi comme on boude un vieil ami : sous les reproches perce l'affection qu'on eut jadis pour lui. Il règne dans ce livre un ton d'humeur chagrine qui attache et séduit même parfois. Je ne connais pas M. le docteur Thulié ; peut-être le jugement que je porte sur son livre et sur lui est-il erroné, mais il me semble qu'il est plus mécontent encore des hommes que des choses ; et ce qu'il a écrit prouve bien moins, pour moi, les défauts, l'imperfection de la loi, que la singulière interprétation qu'on pourrait bien lui donner. A cela le remède est facile à trouver, la loi a une sanction pénale ; tous ses articles sont assez clairs, assez précis pour que ceux qui seraient tentés de la violer ne soient point excusables ; s'il y a des abus, qu'on les réprime, mais que, du moins, on ne laisse pas des hommes honorables sous le coup du plus odieux soupçon ; qu'on ne laisse pas croire qu'il est possible aujourd'hui, en France, de commettre un des plus monstrueux attentats, celui de priver arbitrairement un individu de sa liberté ; qu'il y a de grands établissements, les asiles publics et privés, dont les portes se ferment avec la plus déplorable facilité ; que les préfets des départements, les procureurs impériaux, les directeurs de ces asiles, les médecins chefs de services dont l'intervention est nécessaire pour valider la mesure de la séquestration, se donnent tous la main pour sanctionner de tels actes. Avant d'infliger un pareil blâme, il serait juste de voir ce qui se passe dans les établissements où l'intérêt du malade est la seule préoccupation, d'où sont écartés toujours les calculs d'une

basse et mesquine cupidité. On acquerrait la preuve que, s'il
y eut quelquefois de condamnables négligences, la plupart, du
moins de ceux qui s'occupent des aliénés, sont à l'abri de tout
reproche, leur honorabilité est sans tache, et dans la mission souvent si difficile qu'ils ont à remplir, ils ont été soutenus toujours
par cette haute notion du devoir qui est la suprême loi de tout
homme honnête.

Nous n'avons pas la prétention d'avoir tout dit dans cette ra-
pide étude; nous n'avons fait qu'effleurer bien des points sur
lesquels il eût été facile de s'étendre; ce que nous avons voulu,
c'est protester contre des accusations qui d'ailleurs n'atteignaient
pas que nous seuls. Nous avons essayé de le faire en nous pla-
çant sur ce terrain neutre, où les hommes de bonne foi, si divisés
d'opinion qu'ils soient, peuvent se rencontrer, celui de l'expérience; c'est dans la pratique de chaque jour que nous avons,
puisé les éléments de nos convictions, et nous espérons que l'on
nous rendra cette justice, que nous avons été plus modéré dans
la défense qu'on ne l'a été dans l'attaque. A ceux qui nous ac-
cuseraient d'un systématique aveuglement, nous répondrons que
nous ne sommes pas de ceux pour lesquels le passé est une arche
sainte à laquelle il ne faut pas toucher; nous ne voulons ni nous
endormir dans une quiétude commode, ni renverser tout pour
le stérile plaisir de contempler une œuvre nouvelle. La loi de
1838 nous paraît répondre à tout ce qu'exige la sécurité des personnes. A part quelques points de détail, nous ne croyons pas
qu'il soit nécessaire de la modifier. Qu'on soit plus sévère, si
l'on veut, qu'on multiplie les garanties de la liberté individuelle,
si toutefois cela est praticable, rien de mieux; les rigueurs n'ef-
fraient pas ceux qui ont toujours conservé le respect dû à une
grande infortune. Loin de redouter les enquêtes, nous irons volontiers au-devant d'elles, les guidant, mettant l'expérience acquise au service d'une cause si diversement appréciée, signalant
même les perfectionnements qu'il serait possible d'apporter à
une loi déjà si prévoyante et si sage. Voilà ce que nous avons
voulu dire; ce que nous aurions voulu prouver mieux encore,
c'est que nous n'avons aucun dédain pour ceux qui réclament
des réformes, ni pour les réformes elles-mêmes; mais que nous
entrevoyons les plus insurmontables difficultés dans l'application

de la plupart d'entre elles, l'inutilité de beaucoup d'autres. Nous aurions aussi voulu savoir élever notre travail à la hauteur de ce sujet ; nous n'avons trouvé en nous-même qu'une conviction profonde, nous l'avons exprimée avec une entière franchise ; nous espérons qu'on nous en tiendra compte, et nous ne demanderons rien de plus que de ramener à nous quelques-uns de ceux que notre silence étonnait, et que les arguments de nos contradicteurs avaient ébranlés.

Docteur A. MOTET.

A consulter :

A. LEMOINE, L'aliéné devant la philosophie, la morale et la société. Paris. 1862.

FALRET, Des maladies mentales et des asiles d'aliénés. Paris, 1864.

PARCHAPPE, *Annales médico-psychologiques*, 1865-66.

LUNIER, *Annales médico-psychologiques*, 1865-66.

BRIÈRES DE BOISMONT, *Annales médico-psychologiques*, 1865-66.

ROUSSELIN, De l'utilité de la séquestration au début des maladies mentales (*Annales médico-psychologiques*. Mai 1865).

TRÉLAT, La folie lucide. Paris, 1861.

MOREL, Traité des maladies mentales. 1860.

LEGRAND DU SAULLE, La folie devant les tribunaux. Paris, 1 vol. in-8°. 1864.

J. FALRET, Des divers modes d'assistance publique applicables aux aliénés (in *Annales médico-psychologiques*). 1865.

A. MOTET, Congrès médical de Lyon : De la possibilité et de la convenance de faire sortir des asiles pour les placer soit dans leurs familles, soit dans des exploitations agricoles, certaines catégories d'aliénés. Paris, 1865.

J. ARTHAUD, Congrès médical de Lyon : *Id.* Paris, 1865.

DAGONET, Asiles d'aliénés, loi sur les aliénés (*Annales médico-psychologiques*. Mars et nov. 1865).

PETIT, Examen de la loi du 30 juin 1838 sur les aliénés. Paris, 1865.

LINAS, Article Médecine légale des aliénés (in *Dictionnaire encyclopédique des sciences médicales*. Paris, 1866).

A. PAIN, Des divers modes d'assistance publique appliquée aux aliénés (*Annales d'hygiène et de médecine légale*. 1865, t. XXIV).

MUNDY, Petit catéchisme sur la nécessité et la possibilité d'une réforme radicale des institutions pour les aliénés.

TURK, Nouveau mémoire sur la nature et le traitement de la folie. 1862. — L'École aliéniste française, l'isolement des fous dans les asiles, etc. 1864. — Un dernier mot sur le régime des aliénés en France. 1866.

NADAULT DE BUFFON, Observations critiques sur la loi du 30 juin 1838. Paris, 1855. — Une question de liberté (1866).

BRUNET, Congrès médical de Lyon. 1864. Paris, 1863.

THULIÉ, La folie et la loi. Paris, 1866.

A. SAXSON, *La Presse*, 22 et 25 juin 1864, 14 février et 1er mars 1865.

L'Opinion nationale, 19 janvier 1863, 28 janvier 1863, 29 avril 1863.

Le Siècle, 12 décembre 1864.